ドイツの政治教育

近藤孝弘

ドイツの政治教育

成熟した民主社会への課題

岩波書店

はじめに

——政治教育への期待——

　現実の政治を理解し、批判し、参加する能力を市民が身につけること、これは民主主義社会の欠かせない基礎であり、そのために、市民は学校その他の教育機関において政治教育を受ける権利を持つ。少なくとも今日のドイツでは、そのように考えられている。

　もちろん、政治教育のおかげでドイツの民主主義は十全に機能しているなどと主張する者はいないだろう。そこでも政治不信が広まり、また少数ながらネオナチなどと呼ばれる民主主義を否定する人びとも存在している。他の諸国と同様に自由競争経済の原理が政治を駆逐しつつあるだけでなく、ドイツ統一以降は西欧型民主主義の経験の乏しい旧東ドイツ地域の問題を抱えてもいる。

　その一方で、ナチズムの過去を持つドイツ——この場合、西ドイツと統一ドイツ——がヨーロッパのなかで、ひいては世界のなかで最も質の高い自由で民主的な社会を築いてきた国の一つであるのは否定できないところである。そこでは、これまでのところイタリアやオーストリアやスイスのように右翼政党が政権に参加したことはなく、イギリスのように内戦を抱えることもなく、アメリカのように海外で戦争をくり返すこともなく[1]、また旧社会主義諸国のように事実上の一党独裁体制が成立することもなかった。

国政選挙の投票率においては、日本はもちろんイギリスやアメリカを大きく上回っているほか[2]、報道の自由が守られている程度に関しても、ドイツは旧G7諸国の中で最も評価が高い[3]。

こうした数字で民主主義の成熟度を語ることにははじめから無理があり、歴史的・社会的状況の多様性を考えれば、そもそも各国の民主主義に細かな順位をつけるのは無意味かもしれない。しかし、言わばナチズムの過去を背負ってきた分だけ、社会のあり方とそれを支える個人の価値観・生き方に反省的な視線を注いできたことが、これまで民主主義のお手本と見られることの多かったアングロサクソン諸国に劣らない民主的な社会をドイツにもたらしたと言っても言い過ぎではないだろう。

そして、この反省という知的作業の中心に位置するのが政治教育(politische Bildung)[4]である。戦後の(西)ドイツにおいては、民主主義の発展のためにはそれに相応しい政治教育が不可欠と考えられ、その努力が多くの資源を投入して実際に進められてきた。それを一種の政治的な心理操作であるかのように受けとめがちな日本とは好対照をなしている。

なお、念のために確認すれば、日本でも政治教育という言葉が肯定的な意味で用いられる場合もある。なんと言っても教育基本法には次のように書かれている。

第八条(政治教育) 良識ある公民たるに必要な政治的教養は、教育上これを尊重しなければならない。

② 法律に定める学校は、特定の政党を支持し、又はこれに反対するための政治教育その他政治的活動をしてはならない。

第一項が示すように、政治教育は尊重されなければならないのである。少なくとも旧文部省が教科書『民主主義』上・下(一九四九年)を著し、国民に民主主義を学ぶように訴えていた頃には、政治教育の重要性についての理解がその一部に存在していたと考えてよいだろう。

しかし、その後の展開は、冷戦下の保革対立のなかで第二項が拡大解釈され、現実の政治的問題を意識的に扱うような政治教育は、学校から排除されていくことになった。そして民主主義に基づく社会秩序の代わりに、日の丸・君が代といった文化的シンボルを介した民族主義的な愛国心による体制維持が図られて今日にいたっている。政治教育や民主主義教育という言葉に左翼的あるいは少なくとも古めかしい響きが漂っているのは、日本の社会が多少の揺れを見せながらも基本的には、国民の政治離れをバネとしながら保守化あるいは右傾化の道をたどってきた結果にほかならない。

歴史的に見るとき、確かに民族主義は民主主義に基盤を提供した面があるが、現代世界においては後者の発展とともに前者がむしろ足かせとなっている。政治教育の挫折は、日本の戦後が、まさにそこからの離陸をできずにきたことを象徴するものと言えよう。

では、ドイツの政治教育は、具体的にはどのような形をとって実行されてきたのであろうか。

政治教育には意図を明示して行われるもの、明示せずに進められるもの、そして意図せずにその効果が生じるものとがあるが、とりあえず前者については三重の輪を考えることができる。

まずドイツの政治教育の核をなす第一の輪に位置するのが、政治科や社会科といった学校の教科教育である。これは日本の小学校の社会、中学校の公民的分野、高校の公民(現代社会・政治経済)などにほぼ対応しよう。それに対してひとまわり大きな第二の輪は、歴史や宗教などを中心とする現代政治と関係の深い教育活動からなる。そして第三の輪は、学校外で行われる政治に関する広範な教育活動を示す。ここでは成人教育機関はもちろん、マスメディアや宗教団体が大きな意味を持っている。また政治家による演説なども、ここに含まれよう。そして改めて確認すべきは、これらの三重の活動領域全体がドイツでは政治教育という一つの言葉で括られているということである。

こうしたドイツの政治教育もまた、民族主義的な政治的教化はもちろん政治宣伝とも無縁ではない。第一章で確認するように、ドイツ近代史の中で、学校の内外で進められる政治教育は言わば体制維持のための社会的テクノロジーとして考案されたのであり、民主主義以前の社会においては、既存の権力構造に対する疑問を民衆に抱かせないようにすることを目的としていた。政治教育は必ずしも民主主義に奉仕するとは限らない。むしろ、それを裏切る危険性を常に秘めている。

そして、だからこそ民主主義のための政治教育はどうあるべきかについて明確に言語化することを通じて、その発展を促してきた戦後ドイツの例は、隠された政治的教化に囲まれて暮らす私たちにとって示唆に富むのである。その発展のプロセスは、同時にドイツの民主主義の進化を意味していたと考えられる。

おそらく政治教育は民主主義にとって単なる道具なのではなく、その本質的な一部、あるいは目標に位置しているのであろう。民主主義を支持するのであれば、それについて正面から論じるのを避けることは許されないのである。

以下、本書はまずドイツの政治教育という私たちには必ずしも馴染みのない活動について、その歴史(第一章)と到達点(第二章)を概観する。そこから、西ドイツという国家が、現代史の制約を受けつつも民主主義の構築という課題を前にして日本とは異なる歩みを進めてきたことが明らかとなろう。そして統一以降、このようにして形成された政治教育は、旧東ドイツ地域への移植が試みられてきた。ナチズムの崩壊から四〇年以上にわたって社会主義政権下に置かれてきた東部地域には西部とは異なる社会環境が存在し、そこでは右翼急進主義も広がりを見せている。

こうした最近の状況に対し、本書は、政治教育としての倫理・宗教教育(第三章)および同じく政治教育としての歴史教育(第四章)という二つの視点から接近を試みる。言わば、民主主義の社会的基盤の乏しい東部地域というレンズを通して、西部で発達した民主主義と政治教育の意義と可能性を再検討するのである。

これらの作業を進めた結果、ドイツの政治教育は多くの未解決の課題を残しているという結論に到達するかもしれない。少なくとも筆者は、ドイツの現状を美化する義務を負っていない。

しかし、日本における日常の思考と行動に欠けている大切なものが、少なくともそのヒントが、そこには確実に認められる。私たちが民主主義を望むのであれば、ドイツにおける成功と失敗の経験を参照例のリストに加えるのを拒む理由は存在しないのである。

目　次

第1章 「政治的教化」から「政治的成熟」へ
——ドイツ政治教育の成立と発展——

政治教育の誕生

ドイツにおいて政治教育は長い歴史を持っている。先に触れたように、それは常に民主主義のもとで、そのために行われてきたわけではない。

その起源を求めるなら、プロイセンによって国家統一が達成される二〇〇年以上前の一六六二年、ドイツ中部のゴータ公国で発せられた学校令に、すでに実学教育に混じって政治教育を示す項目が含まれているという。[1]

これは、ウェストファリア条約（一六四八年）で領邦君主の信仰が住民の信仰を決めるとの原則が採用された当時の情勢を反映しており、より具体的には、一七世紀初頭以来、とくにザクセン・テューリンゲンの領邦君主が民衆の初等教育に関心を寄せてきたという状況の中に位置づけられる。一六一九年にワイマールで、また一六四二年にはゴータで就学義務令が出されている。

このころドイツでは、それまで教会に委ねられていた民衆の生活が、信仰を領地内の住民の統合手段として利用しようとする領邦君主によって、直接統治の対象とされていった。つまり民衆を対象とした学校教育という思想が成立した時点から、それは政権の安定という明確な目的に支えられていたのである。実際に領邦君主が民衆にとくに教えようとしたのは、信仰と規律を別にすれば読む能力であり、書く能力や計算は蔑ろにされがちだった。これは、住民が君主の意思を理解できるようになることが教育の目的だったことを物語っている。[2]

さらにフランス革命が、政治教育の重要性への意識を喚起した。ライン川の対岸から波及してくる革命思想と戦うためには警察力の強化だけでは不十分であり、教育の力を借りて臣民のあいだに国家意識を育み、それによって君主との信頼関係を築くことが重要と考えられた。そして、とくにナポレオン率いるフランス軍に対する敗北が大きな意味を持つことになる。敗戦の経験は、民族主義という決定的な動機をドイツの学校教育に与えた。

このころ、確かにフンボルト (Wilhelm von Humboldt) の手により、ギムナジウムを中心として古典語学習を重視する新人文主義の教育が追求されたものの、このような教養への期待は単なる形式主義に陥りがちであるとされ、また小学校では、この時期にも宗教と規律に基礎を置く従来の教育が進められていた。こうしたなかプロイセンでは、一八二〇年に官吏と教師に対する思想調査が行われ、一八二四年には教師の任用に際して政治審査が導入された。

このような傾向は、三月革命（一八四八年）の後、さらに強化される。一八五四年には新人文主義の失敗が文部大臣によって宣告され、宗教教育の重要性がそれまで以上に強調されることになった。この復古主義は、基本的には、当時ドイツで進行中だった産業化によって従来の社会的紐帯が解体されるとともに、労働運動も芽生え始めるという社会状況を反映している。「社会政策の不足の代用品」[3]としての宗教に依存した政治教育が進められたのである。そして、これ以降帝政の終焉にいたるまで――労働者を懐柔したビスマルク期のように若干の動揺があるとは言え――、基本的に社会（民主）主義から君主制を守るための政治教育、つまり、祖国への愛とキリスト教の信仰、そして王室への敬意に基づく秩序維持が目指されることになる。

ドイツにおける本格的な政治教育の出発点と言われる一八八九年のヴィルヘルム二世の布告は、こうした状況をよくあらわすものだった。

長らく私が考えてきたのは、社会主義と共産主義思想の拡大を押し止めるため、各段階の学校を活用することである。……学校は、青少年のうちから、社会民主主義の教えは神から与えられた使命とキリスト教道徳に反するだけでなく、実現不可能なものであり、その結果において個人にとっても全体にとっても等しく破滅的であるという確信を持たせなければならない。学校は、これまで以上に近代史と現代史を授業で教え、国家権力のみが、個人に対して、その家族、その自由、その権利を守ることができるということを証明してみせなければならない。また青少年には、これまでのプロイセンの王たちがいかに進歩的な手法で労働者の生活条件の向上に努力してきたかを認識させなければならない[4]。

また彼は、この布告に続き、翌一八九〇年一二月にベルリンで開かれたプロイセン学制改革会議での演説では次のように述べている。

ドイツは統一された。われわれはかつて望んでいたものを手にしている。……しかし、そのことを感じさせるものは何もない。むしろ帝国が成立してからわずかなあいだに、遠心的な傾向が高まってきた。……原因は青少年の教育にある。何が問題なのか？　多くの欠陥がある。主な原因は、一八七〇年以来、幸福な支配者としての教師がギムナジウムに居すわっていること、そしてその教材、また知識と学習を強調する一方で徳性その他の人生にとって必要なものを蔑ろにしてきたことにある。……われわれはギムナジウムの基礎にドイツ的なるものを置かなければならない。われわれが教育すべきは若いドイツ人なのであって、ギリシア人やローマ人ではない[5]。

「遠心的な傾向」、つまり社会政策の失敗に基づく問題を、キリスト教とナショナリズムの混交した政治教育により解決せよとの彼の要求は、必ずしもそのまま貫徹されたわけではない。とくにギムナジウムでは、古典に絶対的な価値を置く教師が、このような政治的な実用主義に反発した。中産階級の保守性を前に、ヴィルヘルム二世の要求は空回りした部分がある。他方、当時の社会状況は、彼の期待とは無関係に、社会主義に共感を持つ教員をとくに初等教育を中心として輩出し続けた。

しかし、これらの布告や演説が政治教育をめぐる議論を活性化させるなか、一九〇九年にドイツ公民教育協会が結成され、一九一一年には中等教育に政治科が導入されている。

また、とくに当時の帝国主義政策そのものが政治教育の拡大を促した。ドイツ植民協会やドイツ艦隊協会、全ドイツ連盟などの帝国主義的な圧力団体が文部省にはたらきかけたほか、実際に海外に植民地を獲得していくひとつひとつの過程が、世界強国ドイツに対する民衆の帰属意識を強化することになった。さらに遅くとも第一次世界大戦までには、植民地獲得競争に人びとを動員することを目的として、歴史や地理といった各教科の再編がなされている。

そして、こうした社会状況の中でケルシェンシュタイナー(Georg Kerschensteiner)の「公民教育論」が大きな反響を呼んだ。

労働教育論や統一学校論で有名なケルシェンシュタイナーは、一九〇〇年のエアフルト王立公益科学アカデミーの懸賞論文課題「どうすれば国民学校を離れてから徴兵までの間の青年男子を、公民社会のために最も合理的に教育できるか」に対して、職業訓練を通じた政治教育を提案し、受賞することになった。すなわち、職業的な生活と訓練を重ねる過程で勤勉や誠実さ、自己管理といった「公民の徳」、つまり国家が自らに忠誠を誓う国民に対して期待する性格を養うことができるというのである。徳は説くものではなく、行為の中でこそ形成されるという。[6]

彼は、労働を国民統合の核とすることでキリスト教への過剰な依存を回避することを試み、さらに皇帝が去ったあとのワイマール共和国においても活躍したように、君主制を絶対視していたわけでもない。しかし、とくに社会民主党の手から国家を守ることを政治教育の課題と考えていたのは間違いない。著書『公民教育の概念』では次のように述べている。

単に道徳的・精神的に卓越した資質を持つ人びとが共同体のために立ち上がるだけでなく、道徳的にも精神的にも凡庸な資質しかもち合わせていない人びとが政治に対して同じような関与を要求しないこと、また彼らが高い価値の担い手たちを是認して自由意志で彼らに従うこと、そして公民的教育をこのように構造化すること、これが公民教育の最も難しい課題なのである。[7]

この「価値の高い担い手」のなかに社会民主党指導者が含まれないのは当然である。そもそもケルシェンシュタイナーによれば、教育は道徳的・文化的・法的共同体としての国家、つまり理想としての文化国家の実現に奉仕すべきものであり、互いに対立し国家を解体するおそれのある政党の手に委ねられてはならないのだった。

ワイマール共和国の挫折

第一次世界大戦における敗戦は、ドイツを君主制から共和制に変えた。そしてワイマール憲法第一四八条には、「公民科と労働教育は学校の教科である」[8]と明記されるにいたる。革命と敗戦による混乱のなかで建設された共和国を確かなものとするため、政治教育に大きな期待が寄せられたのである。

しかし注目すべきは、民主的として有名な憲法のなかに政治教育が明確な地位を獲得したにもかかわらず、その規定が相変わらずケルシェンシュタイナーの労働教育論によって刻印されていることの方かもしれない。さらに第一四八条は、その公民科と労働教育は、ドイツの民族性において――「国際協調の精神とともに」との留保つきではあるが――なされなければならないとも述べている。

第一次世界大戦の敗戦は、東部戦線では勝利を続け、西部でも戦前の国境線の西に陣取る状況のうちに到来した。それにもかかわらずドイツは、普仏戦争の復讐という性格が強いヴェルサイユ条約によって広大な国土を失い、多額の賠償金を課されるなど、予想以上の損害を被ることになる。また失った領土には、多数のドイツ系住民がマイノリティとして取り残された。新国家建設は、このようにナショナリズムが高揚しやすい環境下で進められたのである。

さて、ワイマール共和国における公民科教育の制度化に大きな影響を与えたと言われるのが、一九二〇年の全国学校会議である。会議の席上、ヴィルヘルム二世の時代にすでにドイツ公民教育協会の設立に携わり、党派から自由な国家の発展に資する公民教育の普及を主張していたリュールマン(Paul Rühlmann)は、次のように述べた。

> 近代国家において、大衆の国家意識のためには、権威的・感情的紐帯だけでは不十分です。……あらゆる国家にとって、公民に約束される個人の自由に対するバランサーを設けることができるかどうかが、その存続の可否を決めることになります。民主主義のプロセスが進展して、権威主義的な国家形態が民主化に向かうほど、その健全な政治的発展のためには、政治的な責任感(国家意識)が緊急に求められるのです。[9]

ここには、民主化を抗い難い運命と見た上で、それに対処するための政治教育が追求されている様子をうかがうことができる。こうした姿勢は、ケルシェンシュタイナーはもちろん、戦前戦後のドイツを代表する教育学者シュプランガー（Eduard Spranger）にも基本的に共通していると言えるだろう。もちろん細かな差異はある。リュールマンは、ケルシェンシュタイナーの後に政治教育を論じることができた。またシュプランガーは、ケルシェンシュタイナーによる経済中心のアプローチを、国家を把握するには狭すぎると考えていた。

しかし、理想的な文化国家が想定され、それに向けた教育を行うことが個人の自由や良心の開花をもたらすという、国家と個人の関係についての調和的な理解が彼らの主張の基礎にあったことは間違いない。大切なのは、政党によって象徴される現実の社会に存在する利害対立をいかに平和的に調整するかではなく、そのような対立を知らない法と道徳に立脚する理想国家に一体化する人間を教育することである。

とくにシュプランガーはヴェルサイユ条約の改訂を主張し、また、一切の対立や緊張を越えた国家の基盤としての民族への忠誠心を育てることを教育の課題の一つと考えた。国家と法は、「共通な血と共通な言語と究極的な信念の統一によって結合」される民族によって担われるというのである。[10]彼のヴェルサイユ条約改訂の主張は、より公正な国際法秩序を求める姿勢に由来し、また民族に基礎を置く姿勢は、他民族の犠牲を正当化するためのものではなかった。さらに彼は党派性の極致を示すナチスにも批判的だった。しかし、そうだとしても、その教育論はナチズムと無縁とは言えない。[11]

一九二〇年の全国学校会議では、ようやく国民学校の最終学年（第八学年）にのみ週二時間の独立した教科として「公民科」を導入することが決められた。公民科は、ワイマール体制、つまり民主主義を擁護するものであるとして、教員を含む旧体制下で育った知識層のあいだに反発が強く、憲法の規定にもかかわらず、それまで導入が見送られてきていたのだった。また一九二三年には公民科のための教育課程基準もまとめられたが、反対派との妥協の結果、それは生徒に対し、公民の義務とはドイツ民族の力の強化につとめることであると教えるよう求めるものとなった。[12]

さらに、全国学校会議では教員養成課程にも公民科教育を導入すべきことが確認されたが、現実の学校で公民科が蔑ろにされる状況のなかでは、教師教育も見るべき成果をあげることはできず、そもそも教員には――宗教と並んで――公民科を教えるのを拒否する権利が認められていた。

たしかに、エリート養成機関であるギムナジウムの教員のあいだで共和国への不信感が強かったのとは異なり、国民学校の教員は、相対的に見て、より憲法に忠実に行動したと言われている。とはいうものの、歴史、地理、ドイツ語、宗教などの他教科が明確に反共和国的な内容を教え、また公民科自体もナショナリスティックな色彩を免れず、さらに彼ら自身も多くの場合、必ずしも明確な政治意識を持っていなかったことから、その教育活動の共和国への貢献はわずかなものにとどまらざるを得なかった。[13]こうして、ワイマール共和国を支えるはずの政治教育が失敗に終わることは、そのままドイツにおける最初の民主主義の崩壊を意味することになる。

むしろワイマール期には、すでに第三帝国を先取りする政治教育論も現れていた。

ドイツ民族主義の評論家として知られるシュターペル（Wilhelm Stapel）は、第一次世界大戦中の一九一七年から、「公民教育(国家市民教育 Staatsbürgerliche Erziehung)」ではない「民族市民教育(Volksbürgerliche Erziehung)」を提唱していた。彼の思想をまとめた著書は、世界恐慌を背景としてナチスが勢いを増す一九二九年以前にすでに版を重ねており、共和国において一定の影響力を持っていた。その中で彼は述べる。

われわれは、経済、芸術、宗教など要するに生活の全ての領域に浸透する個人主義と自己中心主義によって自らを過保護にしてきた結果、次第に個体の生が持つ深みに対する感受性を失ってしまった。……だから今、われわれは要求する。自然の生活共同体に帰れ！と。しかし、たちまち現代において最も強力な理念的・現実的な力が立ち上がってくる。それは国家である。民族ではない。人間は国家に向けて教育されなければならないというのである。その理想が公民教育とされる。[14]

シュタ−ペルによれば、公民教育で政治や経済、道徳的義務などを教えても、それは頭で学んだものにすぎず、若者の心に響くことはない。そのように人為に依存するのではなく、自然に従うこと、つまり共同体における生活に根ざした教育が実現されなければならないという。また、彼は国家について、次のようにも述べている。

ラディカルな思想的跳躍なしには、現代の思考と欲望が陥った袋小路から抜け出すことはできない。われわれは、これまでとは反対に、国家という人間による構築物に対して、民族という生命に溢れた有機体を、より高次な統一体として認識しなければならない。われわれは、民族こそが本来の目的であり、国家はその目的のための手段でしかなく、また民族こそが生の共同体であって、国家は目的共同体でしかないということを理解しなければならない[15]。

ここで、明確に国家は民族に対して最高位の席を譲っている。ワイマール憲法が唱えた国家のための政治教育は、生命とそれを体現する共同体を抑圧するものとして否定され、市民は国家ではなく民族に奉仕するよう教育されることになる。この民族という言葉を単に人種に置き換えさえすれば、ヒトラーの教育論と完璧に一致するだろう。事実、このすぐあとで彼は「われわれには同じ血が流れ、同じ魂がやどっている」と記している。

一九三三年一月三〇日、第一次世界大戦の英雄ヒンデンブルク大統領によって、ヒトラーが首相に任命される。これにより事実上、ドイツ最初の民主主義に終止符がうたれた。そして同じ年、ワイマール憲法に基づく公民科の廃止が指示されている。こうした経緯が、第三帝国における政治教育の姿を象徴的に示していると言ってよいだろう。

政治教育学者ザンダー(Wolfgang Sander)によれば、「第三帝国ほど政治教育が教育の全領域を統合する中心となり、そればかりか国家の核と理解された時代はない」という[16]。そのために、むしろナチスは公民科に匹敵するような自らの政治教育理念に基づく特別な教科を設ける必要を持たなかった。こうして学校では歴史科を中心とする既存の教科はもちろん、教科外を含む学習活動の全体が強度に政治化されることになった。
一九三九年に発表された国民学校用教育課程では、歴史科の目標が次のように規定されている。

国民学校における政治教育は、第一に歴史科によって行われる。その授業は、われわれの偉大な過去への畏怖と、我が民族の歴史的使命と未来への信仰をもって、子どもたちを満たすべきである。……そこでは、ドイツ民族のなかで作用する主として北方的性格の人種の力が明らかにされなければならず、それはとくにわれわれの民族とその指導者の偉大な業績に関連づけて生き生きと描かれなければならない。ゲルマン‐ドイツの英雄的精神と指導者の思想が全ての授業を満たし、それにより青少年を熱狂させ、国防への意思を覚醒・強化すべきである。……授業においては、個々の歴史的出来事に価値が置かれてはならない。重要なのは、子どもたちに、父祖の英雄的戦いを典型的な具体的状況を用いて生き生きと把握させることである[17]。

ここには、ナチスの教育思想の三つの核である、民族共同体、人種主義、そして知性の否定と感情の優位を明確に読み取ることができる。
一時的にしろナチスを積極的に支持した教育学者クリーク(Ernst Krieck)は、「教育はすべての人間を民族の生活共同体と一致させるべきである[18]」と主張したが、ナチズムのもとでは、まさにその民族の純粋性を「異人種のユダヤ人」から、また知性・合理主義から守ることが目指された。クリークは、政治を語るに際しての「『純粋な理性』の時代、『無前提』で『価値自由』な学問の時代は終わった[19]」

とも述べているが、これは、政治教育において啓蒙という姿勢が否定されたことを意味している。
一八世紀末にカントが「自分自身の悟性を使用する勇気をもて！」[20]と訴えて以来、さまざまな教育理論と実践が展開されてきたが、二〇世紀前半のドイツでは民衆だけでなく少なくない知識人までもが、彼が批判した「後見人による指導」に安住し、「未成年状態」にとどまることを積極的に肯定してしまった。

実際には、それまでも、政治教育を中心とする学校教育に課せられてきたのは、君主制に基づく価値観を温存する国家への支持を民衆のあいだに拡大するという課題に他ならない。既存の体制への批判的な意識を呼び起こしかねない知的な教育よりも、権力への従順の基礎となる道徳あるいは宗教心を重視する主張は、常に存在していた。とはいえ、他方で人間の知性への信頼あるいは期待が理想国家という観念と結びつくことにより、理性を育むことが少なくとも形式的には奨励されてきたのである。

ところが第三帝国においては、それまで善とされ、人間的なこととされてきた知性や合理的思考の発展は、共同体を破壊するものとして否定されるにいたる。国民に期待されるのは、指導者に対する信仰と、その実践である。

こうした教育観に基づくとき、もはや学校教育は機能停止に追い込まれざるを得ないだろう。事実、第三帝国の学校では教科教育以上にナチス的行事が重視され、また、ヒトラー・ユーゲントのほか突撃隊や親衛隊といった組織における労働奉仕活動が青少年教育の中心に位置すべきものと考えられた。「市民的－啓蒙主義的伝統と社会主義的伝統に対する右翼からの教育革命」としてのナチス教育論は、実際には、理論的不統一や早期の開戦のために実験段階にとどまった[21]。とくに知性を否定するあまり、ナチスは学校教育を軽視したために、意外にその学校への影響力は小さかったとも言われる。教師も教科書執筆者も、非政治的な姿勢に閉じこもり、ナチスを批判しない限りにおいて、一定の自由を享受できたようである。もちろん、この非政治性自身も大きな問題である。

そして知性を否定するドイツは、再び、そして本当の破局へと突き進まざるを得なかった。

これまで、やや急ぎ足で戦前のドイツ近現代史における政治教育の軌跡を追ってきた。当然のことながら、ドイツの政治教育の歴史を本格的に語ろうとすれば、まだ無数と言ってよいほどの論点、取り上げるべき人物が存在する。しかし網羅的に論じることは不可能であり、むしろ、これまでの概観からすでに、ドイツの政治教育の歩みは西欧諸国に遅れて開始された近代国家建設の過程をほぼ忠実に反映するものだったことが理解されるものと思われる。

その一方で、こうした不安定な社会的状況の中で形成された政治教育論が抱える問題を、ドイツ固有の問題として片づけるのは不適切であろう。たとえば、今日も民主主義教育の代表的論者とされている同時期のアメリカの思想家ジョン・デューイなどと比べて、ワイマールの教育論が比較にならないほどナチズムに近かったとは言えないように思われる。むしろデューイによる共同体概念への高い評価は、ドイツの政治教育学者によっても共有されていたのである。

もちろんデューイが価値を置いた共同体は、国家の下位に位置する小規模で自発的な集団であり、その点で共同体を国家と同一視しがちだったドイツの思想家とは異なっている。また彼がアメリカの民主主義を擁護して、ナチズムを激しく批判したことも有名である。

しかし、エスニックな集団を共同体として評価する部分がデューイには認められ、ここには民族主義的なドイツとの同時代的な接点が看取されよう。さらに、学校における知識の注入を批判し、子どもの生活経験に基づく学習を組織すべきとする彼の主張は、とりわけロマン主義的に子どもを美化しがちな支持者のあいだで、反知性主義を助長したとも言われる[22]。

このように、少なくともアメリカの進歩的な民主主義教育論と一九三〇年代のドイツの政治教育学のあいだには無視できない共通性が認められる。このことは、ナチズムの克服という課題は、戦勝国の民主主義を移植することによっては達成されず、そもそもそれはドイツだけの問題とは言えないとの認識を導くであろう。

連合国による再教育政策

ヒトラーの戦争は、近隣諸国だけでなく、ドイツ全土をも焦土とした。戦後ドイツはワイマール共和国とは全く異なる状況から出発することになる。荒廃し縮小した領土は、アメリカ、イギリス、フランスとソ連の四カ国により分割占領された。教育の再建も、これらの諸国の監督下で行われていく。

ポツダム協定第七条には、「ドイツの教育は、ナチズムと軍国主義が完全に除去され、民主主義理念の十分な発展が可能となるよう、管理されなければならない」とあり、また、冷戦がすでに形を明確にしつつあった一九四七年六月二五日に発せられた連合国管理理事会指令五四号の第五項にも、ドイツの学校の民主化のための原則の一つとして、次のような記述が見られる。

すべての学校は、公民的責任と民主的な生活様式に向けた教育に最大の重点を置き、教育課程、教科書、教材教具に加えて学校組織そのものを、この目的のために合致させるべきである。[23]

ここから判るように、四カ国とも、かつての教育がナチズムと軍国主義を生んだ要因の一つであり、ドイツに平和的で民主的な社会を築く上で教育改革が重要な意味を持つという認識では一致していた。しかし、実際に各国占領軍の教育政策には、それぞれの特徴が見られる。イギリスは最もプラグマティックに行動し、自らの教育の理想を普及させることに慎重だったと言われている。彼らは「介入せずの原則」に基づき、一九四五年秋の学校再開に際して教育課程と教科書の検閲、またナチスに深く関わった教員の追放を行うことで満足した。そして早い時期に、反ナチ的なドイツ人の教育専門家に学校の実質的な運営を任せている。[24]

それに対して、フランスは自らの学校モデルの移植に熱心だったとされる。具体的には、フランス語の必修化とラテン語の縮小などのほか、何よりもライシテ、つまり学校の非宗教化の原則を強硬に主張した。民主主義の基礎には政教分離が不可欠というのが、彼らの理解であった。

ところが、この方針はとくにカトリック教会の激しい反発を招くことになる。戦後のドイツにおいて、カトリック教会はナチスに抵抗した存在とみなされ、その威信を高めていたのだった。また、ギムナジウムがドイツの青少年をロマン主義へと導いてきたことがナチスの拡大を容易にしたと考えたフランス軍政府は、八年制(ないし六年制)小学校の導入を試みたが、とくに反ライシテで結束した住民の反対を前に、結局、自らの学校改革案を諦めざるを得なくなった[25]。イギリスとフランス以上に熱心に占領教育政策を進めたのが、アメリカである。一九四六年九月の教育使節団報告書には、次のような使命感のみなぎる記述が見られる。

ポツダム協定において、勝利した連合国は、ドイツ人を民主主義と平和へと再教育することを、自らに固く誓ったのである。……この再教育の義務は、主としてドイツ人に対する責任として行われるのではなく、世界に対する責任として行われるのである[26]。

そもそも教育使節団が派遣されたのは、軍政府に対し、ドイツの教育の民主化のために、より積極的にイニシアチブをとるよう促すためだった[27]。そして、とくにデューイの思想的影響を強く受けていたと言われるこの使節団は、民主主義とは政府の形態にとどまるものではなく、生活の形態であるとの議論を展開した。ドイツの民主化の中心を担うのは、民主主義的な生活を学ぶ場としての学校にほかならないのだという[28]。

広範囲にわたる教育政策のなかで、アメリカ軍政府がとくに力を入れたのが、六年一貫の小学校の導入と中等教育における複線型学校体系の廃止、つまり統一化である。将来のエリートと労働者を早期に区分して別の学校に収容する教育制度が階級社会を温存し、それがドイツの民主化を阻み、ナチズムをもたらすことになったと彼らは考えた。さらに、学校組織そのものの民主化、つまり教師と生徒の関係、保護者との関係がより平等になることが、民主的な社会を建設する上で不可欠とされた。

今日の視点に立つなら、統一学校の理想や、学校におけるパートナーシップ的関係という理想は、それぞれ一つの価値としては妥当でも、それがナチズムに対する防波堤として適切とは考えにくい。ナチズムが反民主的であるとしても、それは階級的であるがために反民主的なのではない。現実には、むしろナチズムのもとで、それまでの階級的な権威の廃棄が進んだ部分さえ認められよう。

この誤りについては、少なくとも学校制度改革に関する限り、アメリカの占領教育政策が結果的に失敗に終わり、いまでも中等教育段階に――事実上学力別で――三つないし四つの異なるタイプの学校が併存しているにもかかわらず、ドイツ社会が統一学校制度を採用している諸国と比較して非民主的なわけではないことからも理解されるであろう。これは、民主主義にとって学校体系が必ずしも決定的な意味を持ってはいないことを示唆している。また、この点ではソ連占領下の東部ドイツにおいて統一学校が導入されたことを併せて考えることも有意義であろう。民主主義への教育の貢献は、学校制度改革の成否よりも、まずは教育活動の内容によって判断される必要がある。

他方、制度改革が失敗したのは、教育と民主主義の関係に関するアメリカ占領軍の認識が間違っていたためではない。原因は、バイエルンを中心とするカトリックの保守派が強硬に反対したことにあり、また占領軍が、教育思想上の立場の近い労働者よりも、保守派を統治のパートナーとして選んだことにある。こうした選択の結果、冷戦体制が輪郭を明確にするにしたがい、占領軍側がますます妥協を余儀なくされていった。

このように、西側三国の占領政策が、従来のドイツの教育を抜本的に変えることができずにいたのに対して、ソ連は違っていた。

ソ連占領地区では学校体系の単線化、教育への教会の影響力の排除に加えて、教育現場の非ナチ化がとくに強力に推進された。つまり、かつてナチス党員だった教員の解雇である。実際には、中等教育段階の教員を中心として、後に再雇用された例が少なくないことから、学校を追放された教員についての正確な数字は明らかになっていないものの、西部三地域に比べて相対的に厳格な審査と処分が行われたのは間違いないと考えられている。

当然のことながら、こうした措置は大規模な教員不足を招き、そのために既に一九四六年には、わずか八カ月からなる短期教員養成コースが設置され、いわゆる「新教員(Neulehrer)」の大量生産が開始された。そして、このように経験のある教師を解雇し、代わりに十分な教師教育を受けていない教員を大規模に採用した結果、学校教育の質が低下する一方、新教員を中心として、社会主義統一党(一九四六年四月、共産党と社会民主党が合同)の党員を学校に増やすことにもなった。[29]

さて、こうしてみると、占領期には、その後のドイツにおける政治教育の発展につながる動きはほとんど見られないと結論しなければならないようにも思われる。占領政策に関する限り、西側には必ずしも目立った成果がなく、東側の成果については、結局のところ民主的とはいい難い社会主義統一党による支配の基礎を創ったにすぎないと言えそうである。また、この時期には、少なくとも西側に関する限り、ドイツ人による政治教育へのイニシアチブにも、基本的には大きく取り上げるべきものがないという点で、ドイツの先行研究の認識は一致している。[30]

しかし、ひとたび学校から視野を広げるなら、占領下のドイツにおいて、その後の発展を準備する活動も展開されていたことがわかる。以下、二つの具体的な事例に注目したい。

第一は、ベルリンのドイツ政治大学(Deutsche Hochschule für Politik)の再開である。[31]「再開」というのは、ワイマール時代にすでに前身となるドイツ政治大学が存在していたからである。政治教育の必要が叫ばれるなかでの設立(一九二〇年)に際しては、先に紹介したリュールマンも関わっている。当初の目標は、独自の学問的ディシプリンの確立というよりも、政党幹部やジャーナリストなどのオピニオンリーダーに、政治に関する様々な学問的知識を提供することであった。その末期には独自の研究とその教育を目指す方向性も現れたが、ナチスが政権を取った一九三三年に宣伝省の管轄下に入ってしまう。これにより教員の八割が大学を去り、事実上、大学は消滅したのだった。

この大学が一九四八年、ベルリン市議会によって再建された(開校は四九年)。ワイマール共和国における以上に、戦後のドイツでは民主主義を運営することのできる国民の育成が求められていた。こうした要請のもとで、同大学は戦前と同様に、成人に対する政治教育と政治学の研究・教育という二つの課題に取り組むことになる。

重要なのは、一九四五年までのドイツの大学では法学・経済学の内容が優位の「国家学(Staatswissenschaften)」が支配的であり、学問としての政治学は周辺的なものとみなされがちだったということである。政治学は、戦後、教員やジャーナリストに対する政治教育を通じて西ドイツに民主的な政治文化を形成するために、アメリカから導入が図られたものであり、この点でも、戦後のドイツ政治大学が果たした意味は大きい。

このように、ドイツの政治学は民主主義の学として生まれた。とくに、その初期においては、ナチズムと共産主義に対してアメリカを中心とする西側世界が考える議会制民主主義を確立・擁護するという目的が、その存在理由とされていた。これは、アメリカ軍政府が、ドイツ社会の民主化のために、学校教育において社会科学的な知識と態度を教える教科としての社会科の普及を推進したことにも対応している。なお一九五〇年には、政治大学と密接に関係する研究機関として政治学研究所も設立された。政治大学も政治学研究所も、ベルリン自由大学に統合されて今日にいたっている。

未来に向けたもう一つの芽は、いわゆる国際教科書対話の開始である[32]。

アメリカとイギリスは、遅くとも一九四四年夏以来、後に占領統治を行うことになるドイツの学校教科書について、それが占領下において使用可能か否かを分析していたが、第三帝国の教科書、とくにその歴史教科書が使用されるべきでないことは、すぐに明らかになった。

両国は、亡命ドイツ人歴史家に新たな教科書の作成を進めさせていたが、これはドイツ人の反発を招きかねないという不安から、結局、使用されずに終わる。その代わりにソ連を含む連合国が目をつけたのは、ナチス以前の教科書である。実際には、ワイマール期の歴史教科書も決して民主主義的とは言えないものの、他に選択肢はなかった。

こうした状況において、エッカート(Georg Eckert)というブラウンシュヴァイク教育大学の歴史学教授が、同地を占領していたイギリスの研究者との交流に着手した。ワイマール期の歴史教育で支配的だった報復主義的なナショナリズムが誕生間もない民主主義を掘り崩していく過程を見てきた彼は、外国の歴史家との国際的な協力を通じて、自国中心主義から自由な、新しい歴史教科書を作成することを目指したのである。

国際教科書対話という考え方は、すでに第一次世界大戦直後に国際連盟によって採用されており、ドイツにも少ないながら支持者は存在していた。しかし、ナチスによって、結局それは廃棄されてしまったのだった。それに対し、戦後ドイツでエッカートが開始した、歴史を中心に地理や政治科も含む教科書の国際交流は、まずは西ヨーロッパの近隣諸国にそのネットワークを広げ、後に東ヨーロッパ諸国も加わり、今日ではヨーロッパを越える展開を見せている。それは、とりわけ民主主義の学としての歴史教育学の発展に寄与したと言ってよいだろう。

ドイツ政治大学も国際教科書対話も、いずれもワイマール時代にすでに試みられ、ナチズムにより挫折したものの、戦後あらためてドイツ人の手で再開されたものである。確かに連合国の支援で発展を遂げたのではあるが、占領教育政策の成果とは言いにくい面がある。

とくにアメリカ占領軍が熱心に自らの理想とする教育像の移植を図った部分については、それは確かに階級社会の打破という意味での民主化の意図には支えられていたが、少なくともナチズムに対する処方箋としては必ずしも最適ではなかった。アメリカが輸出した教育論は大衆化を志向し、知的なものを貴族的として拒絶しがちな点で、実際にはナチズムの教育論と共通する部分さえ持っていたと考えられる。

その一方で、民主化を目指す当時のドイツの政治学者や歴史学者、教育学者に対して連合国が提供した支援を軽視すべきではないだろう。占領教育政策は、今日の視点から見ると、必ずしも精確な認識に基づいて進められたとは言い難いが、「気前のいいアメリカ」という言い方に象徴される、その規模の大きさによって、戦後ドイツの安定に無視できない貢献をなしたことは間違いないものと考えられる。

ドイツ政治教育学の新たな出発？

連合国がドイツに進駐し、占領教育政策を進めているあいだも、一般のドイツ人にとって、政治は相変わらず汚いものとしてイメージされていたと言われる。それは、自ら参加し、責任を持つものではなく、政府に任せるべきものとして観念されていた。こうした政治理解から一人ひとりに求められるのは、従順である。

しかし、一九四九年に二つのドイツが成立するとまもなく、西ドイツで政治教育をめぐる戦後初の論争が生じた。

きっかけとなったのは、エティンガー(Friedrich Oetinger)のペンネームで書かれた一冊の本である。一九五一年に初版が刊行され、五〇年代のドイツで大きな影響力を持った同書のキーワードは、そのタイトルともなった「パートナーシップ(Partnerschaft)」である[33]。

エティンガーは、現代の教育的課題を正しく認識するためには、これまでドイツの政治教育を妨げてきたのは何だったのかを分析することが不可欠と考える。そして彼によれば、第三帝国の教育が例外なのではなく、ワイマール期以前の公民教育も含めて、常に国家のための教育が推進されてきたことが問題なのであった。

このような状況と歴史について彼は、たとえばイギリスでは市民の忠誠心はまず地域共同体に対して存在し、国家との関係は間接的であるのに対して、ドイツの市民は国家に対して直接的に義務を負う関係にあるところに原因があったと考えた[34]。こうした歴史理解に立つと、ドイツを民主化するためには、いわゆるヘーゲル流の国家を理想視する哲学を離れ、その近代史の中で形成された臣民意識をイギリスやアメリカに見られるような形の市民意識に転換することが必要だとする結論に至ることになる。そして、この市民意識に対応する社会的な行動様式が、パートナーシップにほかならない。

エティンガーが考える政治教育の目標は、「民主主義を国家形態としてではなく、生活様式として教える[35]」ことである。そして、このために重要なのは知識や認識の伝達ではなく、経験と練習だという。子どもは、授業で政治について学ぶのではなく、生徒同士や教師とのあいだでパートナーシップ的関係を経験することによって、民主主義の習慣、つまり社会的マナーや協調的な姿勢を身につけるよう期待される。また、彼は学校のほかにも、家族、青少年団体、軍隊、職場の四つの共同体を想定し、それぞれにおいて社交性の育成や、遊戯および会話を通して、「民主的な態度」を形成することを提案した。

パートナーシップ教育論は、アングロサクソン系の思想、なかでもデューイの影響を受けている。エティンガーは、占領軍に忠実に、プラグマティズムのなかにドイツをその近代の逸脱から西欧の民主主義へと導く処方箋を見ていた。

なお彼によれば、パートナーシップ教育論が前提とする現実の共同体は、ナチズムが理想とした自然共同体のような、対立や緊張の存在しない仲間集団ではない。「政治は望むと望まないとに関わりなく、あらゆるところに浸透している」のであり、「政治教育は、共同体における障害としての対立を解決しようとするもの」だという。その意味で「パートナーシップとは政治的なものなのだ」と彼は主張する。[36]

しかし、この主張が示しているのは、現実の社会に見られる様々な対立は存在しない方が望ましいとする彼の政治的価値観である。ここには、ナチズムとの対決が不徹底な様子がうかがえよう。

むしろ今日では、当時彼が共同体という概念の持つ曖昧さと危うさを検討しなかったことが、その理論をドイツの学校で広く受け入れさせる上で大きな意味を持ったと考えられている。彼の議論の分かりやすさは、五〇年代の多くの教師のあいだで支配的だった調和への欲求と、社会における対立の存在を否定する慣習に支配された当時の非政治的な社会科(＝共同体科、Gemeinschaftskunde)の要求に合致するものだった。

エティンガーの主張は、社会科を教えなければならないが自らは社会科学的知識のない教師に対して、授業を進めるには『健全な人間理解』で十分」だとする誤った印象を与えた。こうしてパートナーシップというコンセプトは、実際には、単なる「みなさん仲良くしましょう」という指導原理に矮小化されてしまうことになった。[37]

このような彼の教育論は、六〇年代以降、とくに左派の政治教育学者による激しい批判に晒される。なかでも最も厳しい批判を展開した人物として、シュミーデラー(Rolf Schmiederer)が有名である。彼によれば、パートナーシップ教育論は、

「制度化された政治支配の本質」を見落としており、社会における基本的な対立構造だけでなく、国家や社会をどう定義するかにおける党派的な利害が持つ意味を覆い隠すものである。公共生活

においてパートナーシップ的あるいは協同的行為が可能なのは、個々の利益が全体の利益と原則的に一致する場合だけである。しかし、現実にはそうでない以上、パートナーシップ教育と社会的行動ルールの訓練は――政治教育として――イデオロギー的機能を持たざるを得ない。エティンガーのパートナーシップ教育の社会的含意は「職場におけるパートナーシップ」のイデオロギー、つまり経済におけるヒューマン・リレーション技術に近い。協力への準備の意識形成は、階級間の仕切りを覆い隠し、全体がよりよく「機能」するようにし、生産性の向上を目指しているのである。[38]

シュミーデラーが後に、より公正な社会の実現と、そのための政治教育の貢献を念頭におきつつエティンガーを批判したのに対し、彼の本が注目を集めていた五〇年代に、それを真っ向から批判したのは、エティンガーから国家主義者として批判されたリット(Theodor Litt)である。ワイマール期にすでに公民教育の代表的な論客の一人であり、生命・生活・体験の重要性を一面的に強調する教育論を批判的に見ていたリットは、パートナーシップ教育論が拠って立つ国家観を批判の焦点に据えた。彼の目にも、それは国家と社会の区別を曖昧にすることにより、民主主義を捉え損ねていると映ったのである。

リットによれば、まず国家が提供する保証のもとでのみ、社会は合意と協力が可能となる。そして民主主義とは国家形態であって、それは対立を除去すべきものと認識するのではなく、むしろ、その社会における対立の上で構成されるのだという。[39]

ドイツに民主主義の伝統が欠けていることについては、リットも同意する。しかし、エティンガーのようにドイツ人の臣民意識にナチズムの原因を見て、アメリカ人の生活様式をドイツに移植することで民主化が図られるとは考えない。独裁体制下で育った教師や親のもとで、パートナーシップという考え方は、どうして青少年を民主主義者に育てることができるというのだろうか？　彼はドイツの民主主義のためには、経験と練習ではなく、ナチズムと民主主義に関する意識的な理解に基づく教育が不可欠であるとする。そして教師を含む成人にも自己教育を求める。教師を含む市民全員が、まず民主主義の国家形態への認識を身につけなければならないのである。そして政治教育の課題は、「何がわれわれに必要なのかについての明確な洞察を覚醒し……、われわれを誤らせたものを残すところなく明らかにすること[40]」に置かれる。

当時のドイツの文脈においては、このように民主主義を対立する社会集団が共存する国家形態として捉える姿勢に、反共主義と結びつく面があったことは否定できないだろう。しかし、これは、リットがエティンガーよりもナチズムに対して近いところに位置していたことを意味するものではない。むしろ第三帝国時代にリットがナチスを激しく批判してライプツィヒ大学を辞し、反ナチ抵抗運動とも連携したのに対し、エティンガーはナチス党員としてオルデンブルク教育大学に勤め、ナチズムを讃える文章を数多く書いている。じつはエティンガーというのは、ヴィルヘルム（Theodor Wilhelm）という教育学者が、戦後、本名を隠すために使用したペンネームだったのである[41]。

もちろん、ヴィルヘルムの過去は、それだけで戦後の彼の思想を特徴づけるものではない。しかし、パートナーシップ教育論を展開した先の著書には、ナチズムへの共感を示す箇所が散見される。

ヴィルヘルムによれば、ヒトラーの『我が闘争』はすべてが馬鹿げているというのではなく多くの点で納得がいくもので、いくつかの点ではまさに的確である。とくに、この男が急所を突いているのは、ドイツの学校における知識偏重を非難し、体力の増強を求め、また教科の知識ではなく性格の育成を重視するよう促していること」なのである[42]。

このように、ナチスの教育論のなかで彼がとくに評価するのは、人間の行為の重要性に着目していた点である。ナチス教育学を代表する一人で、かつてリットを批判したボイムラー(Alfred Baeumler)もそこでは肯定的に取り上げられる。

ボイムラーは、人間を本質的に行為する存在として理解している。彼によれば、われわれが人間を主として理論タイプの志向において捉えるのは、ドイツの後期理想主義とその教育哲学に責任がある。……人間は本来、興味に満たされ、感情に駆り立てられ、熱狂するものである。行為こそが瞑想よりも人間にとって根源的なのである。……行為は思考の従者ではない[43]。

すでに述べたように、ヴィルヘルムによれば、大切なのは知性や思考ではなく行為なのであり、民主主義も教えるべきものではなく、実際の行為を通して身につけるものである。戦前にデューイから学んだこの思想が、彼のナチス教育論と戦後のパートナーシップ教育論を貫いていたと考えてよいだろう。

共同体からの離陸

ナチズムの影をひきずるヴィルヘルムと、ワイマール期の公民教育の指導者の一人だったリットのあいだで論争が繰り広げられた五〇年代の西ドイツにおける実際の政治教育を特徴づけるのは、調和的な共同体を追求して政治を人間関係に還元する非政治的な授業と、政治的機構に関する細かな知識を要求する授業スタイルの併存および混交であったと言われる。[44]前者は、ヴィルヘルムの影響であると同時に、彼の著書を歓迎した当時の教師と社会の意識を反映している。それに対して、後者についてはリットにも責任があるかもしれない。

当時の政治教育の現状についていては、連邦内相と各州教育相が委嘱して一九五三年に設置されたドイツ教育制度審議会が、次のように分析している。

政治教育の効果が、新たな際限ない百科全書主義に導かれた教育内容の過密によって危機に晒されている。その背後には、良い市民になるには全てを知っていなければならないとする見解、そして豊富な知識こそ洞察と行動、つまり倫理的・政治的に正しい意識の前提であるとする見解がある。……しかし単なる知識は人間を形成することもなければ、変えることもない。重要なのは、認識や洞察にいたる精神的な経験である。[45]

ここに見られる「洞察(Einsicht)」という言葉は、リットがその著書の中で使用する言葉であり、同審議会による配慮の跡がうかがえるが、基本的には、ヴィルヘルムの主張がより重視されていると見るべきだろう。政治教育を機能させるために大切なのは、洞察ではなく、洞察にいたる経験なのだという。つまり、この審議会の分析と勧告は、それ自身、教育方法的観点を重視することで政治教育の非政治化というリスクを冒している点で、まさに当時の政治教育の状況を反映していたと言うことができる。

同じころ、アメリカ軍が民主的な政治教育の核として導入を主張した社会科は、リベラルな土地柄と言われるヘッセンを皮切りに、西ドイツ各州に普及していった。

しかし、現実に広まっていたのは、まさに非政治的な社会科としての共同体科(Gemeinschafts-kunde)であった。名称は州によってさまざまだったが、内容においては、いわゆる社会的学習(soziales Lernen)が中心であり、政治的学習(politisches Lernen)は軽視されがちだったと言われる。前者も広義の政治教育の一部ではあるが、社会科が政治教育の中心を担うことを期待するのであれば、そこでは政治的学習にこそ焦点があてられるべきだろう。

ヘッセンの一九四九年の教育課程には、次のように記されている。

政治の授業は公民教育で置き換えられてはならない。……古い形の公民教育は、主権国家からなる世界には相応しかったかもしれない。……しかし今や世界貿易・世界経済・科学技術により「一つの世界」が作られた。……国家は疑わしいものになった。われわれは、その「リヴァイアサン」を飼い馴らし、秩序の中に押し込みたいと思う。……大切なのは……、複数の社会からなる世界秩序についての明確な理解をもった批判的な人間を育てることである。……マキャベリズムを信奉する者でないなら、国家も経済も、個人や家族や民族と同じ道徳律のもとにあることを認めなければならない。……政治倫理が、政治教育全体を担うのである。[46]

国家を理想視するかつての公民教育の否定という課題は当然としても、倫理に単独で国家を統制することを期待するのは非現実的だろう。それは必要ではあっても、十分ではない。こうした姿勢は、むしろ政治から目をそらすことになる。

図１　『共同体のために』(1951 年)

事実、四〇年代末にアメリカ軍の承認を得て五〇年代にも使用されていた『共同体のために』と題された社会科教科書は、家族、自治体、ヘッセン州、ドイツ連邦共和国、国際社会へと、いわゆる同心円拡大方式で世界を論じるが、そこには、政治という項目は存在しない。「国家とは何か？」という項には、次のような記述もみられる。

国家のなかでは、同じ運命と同じ必要によって相互に結びつけられた人びとの一つの共同体が暮らしています。[47]

教育課程基準の指示に忠実に、ここでは家庭から国家までが、均質で調和的な共同体として理解されている。利害の対立を前提とした政治という概念に、ほとんど出る幕がないのは当然であろう。倫理の名のもとに、ナショナリスティックな社会像が模範として教えられていたのである。こうした状況は、一九六〇年の教科書でも基本的には変わっていない。そこでは、「君が今いるのは両親のおかげだ」という論理から、「国家は労働者の衣食住のために尽力している」という認識が引き出されている。[48]

これに関連して、一九五四年に同州のレアルシューレ(実科学校、第一〇学年までの中等教育機関)で社会科を教える一一三人の教員を対象に行われたアンケートも注目に値する。

その調査項目の一つに、次の八つの教育目標、すなわち「共同体感覚」「道徳的人格」「批判・判断能力」「将来の社会参加」「公民としての知識」「協力的な行動様式」「経済的知識」「文化生活への参加」を、政治教育の目標として重視する順番に並べてもらうというものがある。結果は、共同体感覚の育成を第一位または二位にあげた教師が六四%、道徳的人格をあげた教師が五九%で圧倒的であった。他方、批判・判断能力は三一%、公民としての知識は一五%にとどまっている。[49]

ここには、社会科(共同体科)が心情教育あるいは道徳教育の場として理解され、国家を統制する意思と能力の育成という課題が軽視されていた様子がよく表れている。原因としては、既に触れたように、教師に社会科学的な知識もその教授方法の知識も欠けていた点、そして、なお残るナチズムの記憶と高まる冷戦のなかで、多くの教師が政治について語ることに躊躇を覚えた点が指摘されている。これは根本的には当時のドイツ人が調和的な社会観に支配されており、つまり共同体と社会を区別できない段階にあったことを意味している。

しかし、こうした調和志向の共同体主義的な政治教育も、六〇年代には変容の過程に入る。時間とともに、五〇年代から六〇年代前半の政治教育を背後で支えていた反共主義に対する疑問の声が高まり、またダーレンドルフ(Ralf Dahrendorf)に代表される社会葛藤理論が政治教育学に採り入れられるようになった。

まず、初期の西ドイツにおける政治教育論に反共主義の色彩が濃厚なことは、繰り返すまでもないだろう。そもそも民主主義そのものが、ナチスと東ドイツという二つの「全体主義」体制に対立する概念として理解されがちだった。[50] ドイツでは、共産主義との対決という問題がナショナルな問題、つまり東西ドイツの分裂という状況と結びついていたために、他の西側諸国に増して、それは大きな政治的意味を持つことになった。

とくに東西の緊張の高まりとともに情報・宣伝戦が繰り広げられるなか、西ドイツでは反ナチズムよりも、むしろ反共主義に重点が置かれがちだった面があることも否定できない。こうしたなか、政治教育の場においても、反共主義に裏打ちされる形で東欧諸国の人びとに対する差別意識のような、ナチズムを思わせる感覚が表出されることも稀ではなかったという。[51] 対立する政治教育観を提示していたヴィルヘルムもリットも、東側からの攻勢に対して西の体制を擁護することに、その課題を見出す点では共通している。

しかし、六〇年代前半にすでに、民主主義と独裁について教える教師から、こうした反共主義的な政治教育への批判の声があがっていた。自らが暮らす西側民主主義の現状を最高の国家形態として、反対に共産主義を無前提に非難されるべき政体として、単純な二分法をもって教えることが、生徒に民主的な政治教育への拒否感を生んでおり、こうした価値観の強制は、かえって民主主義を不人気にしているというのである。[52] 他方、国際情勢も、反共主義の見直しを迫っていた。一九六一年に建設されたベルリンの壁は、人口の移動を不可能とすることにより東ドイツの安定、つまり二つのドイツの平和的共存の基礎をもたらし、六六年には保守のキージンガー首相も、東との溝を深めるのではなく克服することの重要性を強調した。

このような内外の環境のもとで、東ドイツ(と背後のソ連の共産主義)に対する結束の道具でもあり、その表現でもあった共同体主義的な政治教育に対する批判が現れる。とくに一九五九年にドイツ各地で発生したハーケンクロイツのいたずら書きは、それまでの政治教育に問題があったことを示しており、その革新が求められていた。

調和的共同体を志向する一方で知識の伝達に終始する状態から、政治教育を解き放つ契機となったと言われるのが、一九六五年に刊行されたギーゼッケ(Hermann Giesecke)の『政治教育の教授学』である。

社会葛藤理論との関係からコンフリクト(葛藤)教育学と呼ばれる彼の理論は、民主主義が機能するためには対立と闘争が不可欠であるとの前提に立ち、政治教育は第一に現実の政治的対立の分析に集中すべきであるとする。ギーゼッケによれば、政治教育の対象は常に政治であり、政治とは「未だ決定しておらず、現実の論争の中に最もよく見ることのできるもの」である。[53] そして大切なのは、政治機構等について一つひとつ教えるのではなく、具体的な対立に着目することで、生徒に政治的意見を形作らせることである。

政治的なコンフリクト状況が適切に経験されるためには、現在の政治だけでなく、その歴史的前提条件についての関連する知識も必要である。しかし、この二つでは十分ではない。なぜなら、そうした知識は、それだけでは具体的な紛争に対して合理的に応用される保証がないからである。……ここにわれわれは、政治についての関連する知識の必要性と、政治の本質とのあいだの矛盾を見たことになる。政治教育学は、この矛盾が解決できるかどうかを明らかにすべきだったのだ。つまり政治の本質を視野におさめつつ、同時に、関連する知識を教える可能性があるかどうかである。それができて初めて、コンフリクトの経験が可能になるのである。[54]

ヴィルヘルムの弟子であるギーゼッケは観念的な国家理解を退ける。学習者の政治的判断と行動の能力を養うには、単なる知識の伝達では足りないという。しかし、彼が政治教育に取り上げるよう求める具体的事例は、ドイツを代表する週刊誌『シュピーゲル』の報道に対する政府の弾圧（いわゆるシュピーゲル事件、一九六二年）という正しく政治的事件であって、学校や地域における日常的な出来事ではない。

これは、国家レベルでの政治が明確に射程におさめられていることを示している。そして当然のことながら、一定の社会科学的・歴史的知識も求められることになる。コンフリクトという視点の強調により、彼は、国家の理想視を回避しながら、それを批判的・分析的に教える可能性を政治教育にもたらしたと言えるだろう。

こうしたギーゼッケの主張は、大きな反発を招いた。とくに保守派からは、彼はコンフリクトを絶対化することで、社会的なコンセンサス、寛容や妥協といった価値を軽視しているとの批判があがった。当時の保守的な西ドイツの社会状況を考えれば、当然であろう。その一方で左派からは、コンフリクト教育学は、むしろ既存の権力関係の安定化を試みるものだとも批判された。ギーゼッケの主張は、既存の秩序の中で全ての利害は代表されているという幻想を強化し、それらの対立は共通のルールにのっとって調整可能だとすることで、逆に現在の体制を強化しているというのである。

こうした左派からの批判を受けてか、七〇年代に入ると、彼はリベラルな葛藤理論を離れ、政治教育に対してより明確な立場をとるよう求め、「政治教育は中立的ではない。……それは弱者、貧者、虐げられた人びと一人ひとりの利益と必要のための存在だ[55]」と述べるにいたる。これは、コンフリクト教育学から「解放の教育学」あるいは「批判的教育学」への展開を示すものである。

多くの批判や、後のギーゼッケ自身の立場の転換にもかかわらず、彼の著書が果たした社会的意味は大きかった。一九六八年には、連邦議会において与野党による政治教育に関する質問に対し、保革の大連立政府は次のように回答している。

わが国の市民、とりわけ成長過程にある青少年が、自らの政治的意識を発展させ、政治的判断・

行動能力を身につけるよう支援するために、連邦共和国の成立以来、多くの真剣な努力がなされてきた。……政治教育は以下の目標を有している。
・政治プロセスにおける要因と諸関係について可能な限り客観的な情報を提供すること、
・政治的な問題意識、判断能力、判断への意思を育てること、
・社会における自分の位置についての認識を育むこと、
・自由な民主主義の基本的価値を肯定するよう導くこと、
・政治的行動の能力を発展させること、
・民主的なルールの本質を理解し、民主的な行動様式を身につけさせること。……
政治的な教育活動においては、これまで民主主義についての調和的で美化された記述が見られることが少なくなかった。共同体や相互理解、パートナーシップの過大な評価は、容易に政治の本質についての誤認をもたらすことになる。利害やコンフリクト、権力といった概念を除外することは、政治的な意識形成においてきわめて危険である。[56]

ここには、パートナーシップ教育論への明確な反省が見られる。この政府の回答には、次節で述べるような、より大きな社会的背景がある。いずれにしても、コンフリクト教育学によって、六〇年代後半にドイツの政治教育とその学は大きな質的転換を遂げた。戦後教育改革を生き延びたナチズムに連なる政治教育論が、ようやく退場したのである。これは、民主主義に対する理解、ひいては国家の自己理解の変容を示唆するであろう。

ボイテルスバッハ・コンセンサス

連邦政府がパートナーシップに代わってコンフリクトを重視する姿勢を示した一九六八年は、ドイツにおける大学紛争が頂点を迎えた年だった。

ベトナム反戦、非常事態法反対から高まった学生運動は、正教授支配の構造を維持する大学への批判をナチズムへの責任を取ろうとしない親世代への批判と結びつけ、政治・経済・文化といった社会全体における民主化、不当な支配関係の解体を要求した。先に見た連邦政府の回答には、パートナーシップというスローガンが有効性を失いつつある状況下において、暴力によらずに解決されるべきものとしてコンフリクト像を提示することで、秩序の維持を図ろうとする意図を読み取ることもできるだろう。

一方、ベトナム反戦という動機は、ドイツの政治教育にも新たな条件をもたらした。それまでアメリカは西ドイツにおいて、一般に自由と民主主義の守護者としてイメージされていた。ナチス後の西ドイツに民主主義をもたらし、経済復興を支えてくれたばかりか、その軍隊が東の共産主義者から彼らを守ってくれていたのである。東ドイツに浮かぶ孤島の西ベルリンでは、こうした意識はとくに強かった。しかし、その西ベルリンにアメリカの支援を受けて建設されたベルリン自由大学が学生運動の発火点となった。学生を中心とする左派の人びとにとって、資本主義のアメリカは、民主的なカテゴリーから民主主義を抑圧するカテゴリーへと配置転換された。こうしてアメリカ民主主義のイメージと結びついてきたパートナーシップ教育論は、その根拠を決定的に失うことになる。

さらに、圧倒的な軍事力をもって粗末な装備の「共産ゲリラ」に対する戦争を遂行するアメリカへの批判は、抑圧・迫害される者への共感をもたらし、自らの社会における経済と政治の関係、さらには経済システムと一人ひとりの意識構造との関係の問い直しを迫る。この過程で、フランクフルト学派が広範な受容をみるに至った。

このような社会状況が、六〇年代末以降のドイツの政治教育学を特徴づけていく。フランクフルト学派からの思想的摂取については、多くの政治教育論が、啓蒙、解放、参加、自己決定といった基本的なコンセプトや、さらには「アウシュヴィッツ以降の教育」といった言葉に象徴される、右翼急進主義はもちろん人種主義や権威主義に取り組む観点を部分的に導入したにすぎないとされるもの[57]、それだけでもすでに、その影響を無視できないのは明らかであろう。

学生運動に象徴される当時の状況がドイツの政治教育に与えた影響について、ガーゲル(Walter Gagel)は、それを端的に「政治化(Politisierung)」と呼んでいる。それは以下の三つの次元に見られるという[58]。

第一に、教授学における政治化である。この時期に、社会に実際に存在するコンフリクトを学習対象とすることが一般化し、生徒には政治的論争点について、批判能力と意思決定能力を獲得することが求められるようになった。

第二に、政治教育学者自身の政治化である。目指すべきは社会の改良なのか、それとも体制の転換なのかをめぐって社会全体が分極化するなかで、政治教育学者も、社会の安定に政治教育の課題を見る立場と、変革を目指す立場に分かれていった。

第三に、政治教育の政治化、つまり政治的道具化である。政治意識を教える手段としての政治教育は、システムの安定と改変を目指す双方の立場により、その政策あるいは選挙の道具として位置づけられることになった。

これらのうち、第一の教授学の政治化は、すでにギーゼッケも主張していたが、とくに第二、第三の点は、六〇年代末から七〇年代前半の状況をよく表している。

コンフリクト教育学が一九六五年に登場したときに、それが問題視していたのは、ナチズムから西欧型民主主義へと政治体制が転換したにもかかわらず、政治教育がそれに相応しい展開を遂げていないことだったのに対し、六〇年代末の学生運動のなかで、既存の政治・社会体制自体を批判的に捉える視点が、政治教育学者を含む広範な人びとに共有されるにいたったのである。七二年におけるギーゼッケの態度表明「政治教育は中立的存在ではない」は、新しい社会情勢を前にした彼の問題意識の変容を示しているだけでなく、それが一定程度に受け入れられた当時の雰囲気を伝えていると見てよいだろう。

こうした方向性を明確にした政治教育学者としてシュミーデラーがいる。先に紹介したように、彼もまたパートナーシップ教育論を批判していた。

一九七一年の著書『政治教育の批判について』で、彼は明確に社会および政治体制の変革を目指している。そこでは、政治教育の目的は「社会の民主化と人間の解放に貢献すること」にある、と明解である。彼にとって民主化とは「不合理な支配を除去」することであり、「人びとの社会的自由の拡大」を意味する。そして解放とは、すなわち「社会における少数の支配者および特権階級の消滅」であるとされる。その上で政治教育には、「人間の社会的な依存関係について、つまり一人ひとりの運命を左右する権力と自己決定を妨げる構造についての啓蒙」を通じて、これらの目的を達成することが求められるのである[59]。

シュミーデラーによれば、不平等が存在する社会を変革するためには、その不平等に気づかずにいる人びとの意識が変わることが必要であり、学校教育は既存の社会に対する批判を学ぶ啓蒙の場とならなければならない。当然、そこでは、生徒の参加が求められることになる。またコンフリクトを取り上げることは重要だが、それだけでは不十分だという。社会的な操作、つまり現在の体制を反映・支持する日々の情報・コミュニケーションのなかで、人びとは自らの利害を的確に把握できずにいるからである。

このように、政治教育をさらなる民主化のための手段と考える政治教育学者は少なくなかった。むしろ程度や観点に違いこそあれ、当時の多くの有力な政治教育学者が、その課題として社会批判を考えており、また今もそうであると言ってよいであろう。

二一世紀初頭の視点からは、政治教育が国民の意識の変革をもたらし、それがより公正な社会の実現に貢献するというシナリオに過大な期待をかけるのは楽観的に過ぎるようにも思われるが、それ以外により適切な方途は見つからないのかもしれない。社会の現状に対する批判的な問題意識、すなわち単に現状を維持するのではなく、民主主義の深化を追求する姿勢の絶えざる更新が重要であることは間違いないだろう。

しかし、社会変革を目指す政治教育論に対しては、当然のことながら保守派から激しい批判の声があがった。その背景の一つに、一九六九年の連邦政府における政権交代がある。

一九四九年に西ドイツが誕生して以来、保守のキリスト教民主・社会同盟を中心とする政権が続いてきた。六六年からは社会民主党も参加する大連立政権となっていたが、それでもキリスト教民主同盟のキージンガーが首相をつとめていた。ところが、六九年の連邦議会選挙の結果、第二党の社会民主党と第三党の自由民主党による小連立政権が樹立されたことで、キリスト教民主・社会同盟は初めて政権の座を追われることになる。この時から、キリスト教両同盟による社会民主党へのイデオロギー批判が活発化し、とくにその教育政策が争点化されることになった。

キリスト教両同盟からの批判は、とくに社会民主党政権の州で進められたゲザムトシューレの導入と、政治科を中心とする教科書および教育課程に向けられた。

ゲザムトシューレは、階級社会を温存するとして批判された複線型中等教育に代わるものとして提案された総合制の中等教育学校だが、保守派は、これを社会主義による「強制的画一化」――これは社会民主党をナチスになぞらえる表現である――であるとして激しく批判した。その結果、イギリスではほぼ同じ時期にコンプリヘンシブ・スクールが大規模に導入されたのに対して、ドイツにおける総合制学校の展開は限られたものに留まることになる。

高等教育の大衆化や他方でドイツにおける職業教育の充実といった点を含めて考えると、社会民主党の政策が、果たして期待されたように、社会の民主化・平等化に大きく貢献し得るものだったかは不明だが、少なくとも当時、キリスト教両同盟がゲザムトシューレの導入反対を、社会民主党へのイデオロギー的な批判材料として利用したことは間違いない。

しかし、本書にとってより重要なのは、教科書に対する批判の方であろう。一九七二年七月二日、保守系の『ヴェルト・アム・ゾンターク』紙に、次のような文章が載った。

この秋からヘッセンの第五・六学年で使用されることになる教科書では、「資本主義的な」連邦共和国に照準が定められている。もはや自由な民主主義の原則を防衛することに疑問が提起されるだけではなく、公然と階級闘争が呼びかけられ、東側の影響を受けた社会主義のためのプロパガンダがなされているのである。[60]

具体的に攻撃されたのはヒリゲン(Wolfgang Hilligen)らが執筆した教科書『見る・考える・行動する』である。その中の、たとえば以下のような、今日であれば何の問題もない記述が、反資本主義的で革命を目指すものとして攻撃された。

不潔なことは、子どもが叱られる最も多い理由の一つです。……これまでよりももっと白くなることを求める声は、洗剤に、皮膚の健康を損なう危険のある物質を加えるよう製造業者に促してきました。排水中のその物質は、「河川の窒息死」をも招きかねません。また、こうした物質の多くは、先天性の障害を引き起こす可能性があることが明らかになっています。洗剤メーカーは、これまで、このような警告を真剣に受けとめてきませんでした。[61]

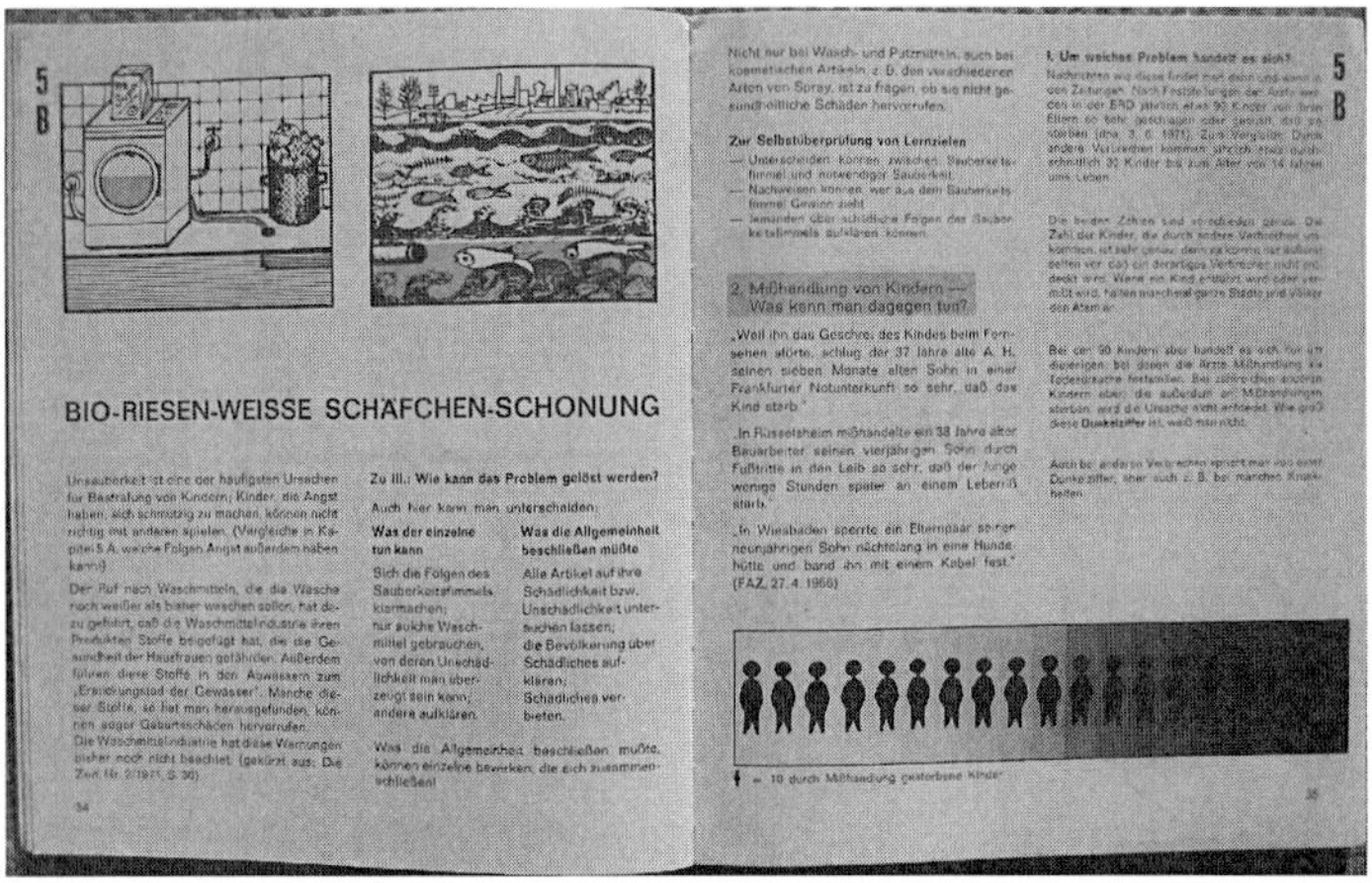

図2　『見る・考える・行動する』(1971年)

この教科書は、一九七二年の時点ではバイエルンとベルリンを除く全ての州で検定に合格していたが、まもなくキリスト教民主同盟が与党の州の検定合格教科書リストから姿を消すことになる[62]。

教科書とその執筆者に対する保守政党からの批判は、一九八〇年までに一八件に及び、大抵は社会民主党が与党の州における選挙の前に行われた[63]。

このような保守の側からの教科書批判は、同時期におけるドイツ・ポーランド共同教科書委員会に対するキリスト教両同盟の批判をも連想させる。当時、ポーランドとの和解を進めようとする歴史家に対しては、ポーランドの共産主義者の共犯といった非難が浴びせられ、対話を支持する社会民主党との対決姿勢が強調された。しかし、一九八二年に両党が連邦レベルで政権に復帰すると、コール首相は態度を一八〇度転換し、共同教科書委員会が両国関係の好転に果たした歴史的役割を評価する演説を行っている。

一度批判した政治科教科書を後に再評価することはなかったが、いずれにおいても冷戦下において有権者の反共意識を選挙戦に利用することが試みられたのは明らかである。彼らが強調したのは、既存の社会的秩序のもとでの安心であった。

とくに七〇年代に入ると、赤軍派による誘拐や殺人事件等が頻発し、マスメディアによって社会的な動揺が増幅されるなか、保守層のあいだに、社会体制を変革しようとする者はすべて左翼過激派と同一のカテゴリーとみなすという感覚が広まっていった。フランクフルト学派は、こうした社会不安を煽動した責任を問われることになる。実際には、既に確認したように、批判理論の影響を受けていたギーゼッケも、意識の変革を社会体制の転換の前提と考えていたのであり、その逆のプロセスを追求した極左グループとは当然のことながら思想的に異なっているが、キリスト教両同盟の戦術は故意であるか否かにかかわらず不正確な認識に支えられ、またそれを強化するものであった。

このように、一九六九年の政権交代により、六八年の大連立政府の回答に見られた保守派と革新派の政治教育上の妥協が崩壊し、社会民主党は(体制転換ではないものの)社会改革のための教育政策を、キリスト教民主同盟は既存の社会体制の維持を目指す教育政策をより強硬に主張していった。そして、それに引きずられるかたちで、教科書や教育課程の作成に携わっていた政治教育学者も分極化したのである。

左右の政治教育学者のあいだで相互に非難が繰り返されるなか、一九七六年にドイツ南部の小さな町ボイテルスバッハで、全国の対立する政治教育学者が一堂に会する会議が開かれた。バーデン・ヴュルテンベルクの州立政治教育センターが主催した、この会議の目的は、多様な政治教育論のあいだに和解の可能性を見出すことである。

会議の場で、それまで保守系の政治教育論を展開していたズトア(Bernhard Sutor)は、基本法を元に最低限のコンセンサスを追求すべきであるとの立場を表明した。彼は、可能な限り先入観のない情報の提供と誠実な判断の形成、そして憲法の根本規範を合理的に志向する責任感のある決定を基礎とした政治参加への能力と意欲を媒介するのが、政治教育の課題であると主張した。[64]

こうした主張に対し、左派のシュミーデラーは、政治教育学のコンセプトのうち、教授学的な部分、つまり授業方法については現実的な妥協点を見出せるかもしれないが、政治的な原則についての共通理解は望めないだろうとの立場を取った。[65]

結局、この会議の場では、明確な形でコンセンサスが取り出され、それが文章化されるということはなかった。しかし、会議に参加していたヴェーリンク(Hans-Georg Wehling)が後にまとめた「ボイテルスバッハでのコンセンサス?(Konsens à la Beutelsbach?)」は、やがて「ボイテルスバッハ・コンセンサス(Beutelsbacher Konsens)」として、政治教育学者・教員のあいだで広く受け入れられるようになる。ヴェーリンクは、以下の三点に事実上の合意を見出していた。

一、圧倒の禁止。生徒を――いかなる方法によっても――期待される見解をもって圧倒し、自らの判断の獲得を妨害することがあってはならない。まさに、これが政治教育と教化のあいだの明確な違いである。教化は、民主的社会における教師の役割および広範に受け入れられた生徒の政治的成熟という目標規定と矛盾する。

二、学問と政治において議論のあることは、授業においても議論のあるものとして扱わなければならない。この要求は第一の要求と密接に結びついている。なぜなら、多様な視点が取り上げられず、他の選択肢が隠され、オルタナティブが言及されないところでは、教化が始まるからである。……

三、生徒は、政治的状況と自らの利害関係を分析し、自分の利害にもとづいて所与の政治的状況に影響を与える手段と方法を追求できるようにならなければならない。[66]

当然のことながら、これらは最低限のコンセンサスであって、これによってそれまでの論争点が解決されるわけではない。

政治教育が目指すのはパートナーシップなのか、現在および将来の政治的行為なのか、それとも合理的な判断能力の育成なのか？　政治教育で重要なのは憲法の基本的価値とのアイデンティフィケーションなのか、それとも批判的な距離なのか？　そもそも政治は秩序として理解されるべきなのか、解放の原理として理解されるべきなのか？　このような基本的な対立は、残されたままである。

しかし、少なくともボイテルスバッハ・コンセンサスは、その後、多くの州の教育課程に受け入れられ、教師のあいだでも一般に知られるようになった。それは、今日にいたるまでドイツの政治教育のアイデンティティを形成していると言われる。

重要なのは、ここにおいて政治的な成熟(Mündigkeit)[67]という啓蒙主義の伝統が明確に採用されていること、そしてそれに関連して、政治教育を体制の維持あるいは変革といった、政党や教師、政治教育学者が掲げる政治目的を達成する直接的な手段とみなす姿勢が否定された点であろう。

もちろん、教師は基本法の範囲内で自らが考える政治の理想に基づく内容の授業を行ってよい。むしろ、それは必要なことである。教化の否定への要求が、生徒を未成熟な段階に放置する結果になってはならない。未来の有権者が身につけるべき政治的能力が特定の民主主義理解に制限されてはならないが、その水準は問われるのであり、生徒の能力向上のために、教師は——生徒から受け入れられるにせよ、批判されるにせよ——一定の土台を提供すべきなのである。

ここに、一七世紀に構想されて以来のドイツの政治教育の一つの到達点を見ることができるだろう。また、このような政治教育の姿は、政府による思想的統制なしでも国家を維持・運営できる状態が、まず西ドイツに成立したことを意味してもいよう。国際関係においては、当時の西ドイツ国家は西側同盟に組み込まれる一方で、革新政権下で進められた東方外交や世界的な緊張緩和により、東側との対決から共存へと向かっていた。今日まで続く、言わば周囲に脅威が存在しない状況が作り上げられつつあったのである。

一九六〇年代末から七〇年代の西ドイツは、学生運動に象徴されるように、確かに政治・社会的に大きな緊張を内包していた。しかし、反対派の要求のうち、少なくとも階級的社会構造の変革や権威主義の打破は、戦後ドイツの出発点において連合国も掲げていた論点である。また資本主義に対する批判さえ、自由市場経済と同時に社会的公正を追求する(西)ドイツの社会的市場経済にとっては、必ずしも妥協不可能な反体制的要求ではなかったであろう。

ドイツの政治教育とその学は、一九六〇年代に共同体主義的な社会秩序への批判によってナチズムとの連続性にメスを入れ、そのうえで七〇年代には、かつて連合国が達成できなかった階級的社会構造の解体に自ら取り組むことになった。このあと八〇年代には、教員志望学生の就職難に起因する教授ポスト削減が、政治教育学に対して一時的な研究の停滞をもたらしたものの、ドイツ統一に伴う旧東ドイツ地域の民主化という新たな課題の発生により、九〇年代に入ると政治教育は再び大きな注目を集めることになる。

とくに一九九九年には、統一以降に教授職に就いた若い世代を中心とする新たな学会も設立され、同学会が中心となって「学校における政治科教育のナショナル・スタンダード」(二〇〇三年)も作成された。内容の詳細については次章に譲るが、これは七〇年代における政治教育学の分裂が、世代交代も手伝って一応の終息をみたことを示している。

以上、本章では、ドイツにおける政治教育の歴史的な展開を概観してきた。次章では、その現在の姿に焦点をあてていきたい。

第２章　民主主義の能力育成への取り組み
――政治教育の現在――

祖国奉仕センターからの軌跡

政治教育は、とくにそれと意識されることなく、日常生活のなかで恒常的に行われている。私たちは家庭において、仲間集団において、職場において、またマスメディアから、社会的・政治的なものの見方や価値観を身につけていく。社会化とも言うべき、こうした政治教育は、人類の歴史と同じだけの長さを持っているとも言えるだろう。

それに対して、学校のような、計画的な政治教育のために特別に設置された機関も存在する。ここには成人教育機関も含まれる。

なかでもドイツに特徴的なのは、政治教育センターという政治教育を専門に進める機関が、連邦レベルでは内相の下に、また各州においても首相あるいは内相の下に設けられていることである。さらに公的な助成金を受けて運営されるエーベルト財団やアデナウアー財団など、政党と緊密な関係にある政治教育基金が存在するほか[1]、連邦政治教育センターが認定しているだけでも、労働組合や教会などによる一〇〇以上の政治教育機関が存在している[2]。

こうした政治教育のための国家機関を持つ国は、少なくともヨーロッパではドイツ以外にはない。かつてドイツとともにナチスを支持した歴史的経験を持つオーストリアでも、一九七三年以来、教育省に政治教育課が設置されているが、それは数名の職員が勤務する省内の一部局にとどまっている[3]。

政治教育専門機関の存在は、民主主義という政治形態が、単に国民が政治権力を所有し、行使する状態として考えられているのではないことを意味している。個々の決定が民主的であるか否かは、そこに至る手続きの正当性によってのみ判断されるのではなく、その内容も問われなければならない。民主主義は、主権者である国民一人ひとりに対して自らの意思を批判的に検討した上で行動することを要求するのであり、国民がこの責任を理解しないとき、国家は民主的な形式を経由して非民主主義者の手に落ちることになるという、その脆弱さへの不安をそこに見ることができる。

ナチズムの経験に刻印された、民主主義に対するこうした厳格な姿勢は、今日のドイツにおいて、どのような政治教育となって現れているであろうか？　具体的な事例に基づきつつ政治教育の目標とそれを支える問題意識に迫るのが、本章の課題である。

既述のように、政治教育は学校その他の様々な主体によって推進されているが、まずはドイツ特有の機関である連邦政治教育センター（以下「連邦センター」と略称）に注目していきたい。

かつての首都ボンに一九五二年に設置された連邦センターは、自ら青少年や成人に対する社会教育を行うほか、公的・私的な他の成人教育機関を支援し、さらに学校や高等教育機関における政治教育のために教材・資料を作成・提供するなど、様々な活動を展開している。設置に関する布告第二項には、その目的が次のように記されている。

図３　連邦政治教育センター（ボン）

> 連邦センターは、政治教育という方法により、実際の政治についての理解を促し、民主主義的な意識を確かなものとし、政治に参加する用意を強化することを課題とする。[4]

また連邦センター自身によれば、「ドイツ史におけるナチスの独裁と東ドイツの経験から、ドイツ連邦共和国には、民主主義、多元主義、寛容といった価値をその国民の意識において確固たるものとする責任が生じている」ために、「市民に対し、政治的・社会的問題に批判的に取り組み、積極的に参加するよう動機づけ、またその能力を身につけさせること」がとくに求められるのだという。[5] 今日の連邦センターの多様な活動は、こうした過去への反省の意識に基づいていると言ってよいだろう。

しかし、その活動の歴史を振り返るとき、このような理想視を離れ、もう少し批判的な見方が必要なことが明らかになる。

今日の連邦センターは、まず連邦祖国奉仕センター(Bundeszentrale für Heimatdienst)として設立され、一九六三年に改称されて現在に至っている。しかし、ワイマール期にすでに国立祖国奉仕センター(Reichszentrale für Heimatdienst)が存在しており、さらにその前身は、第一次世界大戦中に創設された祖国奉仕センター(Zentrale für Heimatdienst)にまで遡る。[6]

祖国奉仕センターが設立されたとき、それは前線の兵士と銃後の国民の士気を高めることを目的としていた。

協商国側においては、イギリスで一九一四年八月に、フランスでは一九一六年初頭に、またアメリカでも一九一七年四月の参戦直後に、内外に向けて戦争プロパガンダを行う機関が設立された。[7] とくにアメリカの宣伝機関CPI(Committee on Public Information)は、第二次世界大戦後には対東宣伝を行う合衆国広報庁(U.S. Information Agency, USIA)へと発展していくことになる。[8]

それに対してドイツでは対応が遅れていた。とくにアメリカの参戦による戦局の悪化にともない、協商国側のプロパガンダやドイツ国内の社会主義者による反戦ビラなどが兵士の士気をそぎ、ストライキが頻発するなかで、戦争継続のためには前線はもちろん彼らの故郷においても愛国心を教えることが急を要すると考えられたのである。祖国奉仕センターの設立目的を記した一九一八年三月三一日の文書には、「大切なのは、労働者や、その他の戦争によって精神的ダメージを受けている大衆の不安定な部分に対し、政府の意向に応じて影響を行使することである」[9]と記されていたという。

興味深いのは、こうした戦争遂行のための機関が、敗戦後のワイマール共和国に生き残ったことの方であろう。前章で確認したように、ワイマール憲法は政治教育の規定を含んでおり、初めての共和国を運営するうえで、このような機関も必要と判断された。現在の連邦センターと異なり首相の下に置かれていた国立祖国奉仕センターの課題について、プロイセン内相は一九二〇年七月三〇日に次のように述べている。

今日の非常に困難な状況下において、政府には、民主主義的‐共和主義的憲法に基づく政治、経済、文化の再建が求められている。

この目標は、政府のとる措置が広範な住民の信頼を得て初めて達成されるものである。ここで不可欠なのは、住民が法律や規則その他の政府の措置の必要性と理由を理解することである。そのために、住民各層を対象とした包括的な啓蒙活動が要請される。

それゆえ政府は公的な啓蒙機関として、国立祖国奉仕センターを創設した。それは各州政府およびプロイセン政府にも奉仕するものである。……その課題は、ベルリンの中央指導部が定める全般的な原則に基づき、口頭あるいは文書のプロパガンダによって、政府の施策の目標とその理由を住民に伝えることである。[10]

またセンター長のシュトラール（Richard Strahl）は、活動の原則について、次のように述べている。

センターの課題は、ドイツ人のあいだにある強力な故郷への愛情を、民族共同体の思想、つまり全てのドイツ人の運命共同体と密接に結びつけ、また健全で正当な国家意識へと接続することである。ドイツの再興は、国家の統一性とドイツ人の結束にかかっている。[11]

他方で彼は、当然のことながら、センターが進める教育活動は憲法に依るべきことも確認している。しかし全体的に見て、ワイマール体制下の強力なナショナリズムが基調をなしているのは否定できないだろう。国民の多くが民主主義を理解・支持しないなかで、それはせいぜいのところ現体制を支持するよう促す宣伝を意味していた。

このような国立祖国奉仕センターは、結局、ナチズムに対する有効な抵抗を行うことができなかった。それは、ナチスの危険を認識できなかったわけではなく、全く手をこまねいていたわけでもない。実際に、各地でナチスを批判する講演会を開催したり、新聞等のメディアを利用した反ナチ宣伝が展開されている。しかし、緊縮財政のなかブリューニング首相が提供する予算の制約もあり、十分な効果を挙げることができずにいるうちに、ヒトラーの政権掌握を迎えてしまったのである。

そしてゲッベルスの国民啓蒙宣伝省が設立された二日後に、ヒンデンブルク大統領はセンターを解体する布告に署名し、そのプロパガンダ機関に編入されることになる。なお、この際にセンター長シュトラールが語った言葉は、それまでの反ナチ宣伝を含むセンターによる政治教育活動の性格を示唆するものだった。

もはや国立祖国奉仕センターの存続理由はなくなった。なぜなら、国家的な啓蒙活動という思想は、国民啓蒙宣伝相ヨーゼフ・ゲッベルスのもとに新たに設置される省に引き継がれ、最高国家機関の形をとることになったからである。[12]

確かに国立祖国奉仕センターはワイマール共和国が存続する限りにおいて、啓蒙の名のもと、既存の国家体制を政治的過激主義から防衛することに努めてきた。しかし、同センターの問題点は、自らに課せられてきた課題を達成できなかったという以前に、そこで本当に重視されていたのは民主主義という政治理念ではなく、むしろ民族に基礎を置く国家だったのではないかとの疑念を拭えないところに認められる。

したがって、この問題にいかに取り組んでいるかが、戦後の連邦センターを評価する一つの有力な視点とならざるを得ないであろう。

敗戦後、初めて政治教育機関の重要性について連邦議会で語られたのは、西ドイツが誕生した翌年の一九五〇年六月一日のことである。内務次官フォン・レクス(Hans von Lex)が、憲法秩序を維持するためには特別な政治教育機関が必要であると訴えた。

残念なことに今日、反民主主義的勢力による破壊的なプロパガンダが増えていることから、広範な大衆に向けて、民主主義の本質とその仕組みについて事実に基づく啓蒙活動を行うことが不可欠です。民主主義はいつも防御的な姿勢に留まるべきであるというわけにはまいりません。それゆえ一九五〇年の連邦内務省の予算に、民主主義思想の促進のため、二五万マルクが要求されております。この措置は、国民とくに青少年に対し、民主主義的機関とその仕事についての啓蒙活動を行うためのものです。[13]

彼の説明によれば、政治教育機関の設立は真に民主主義的なすべての政党にとっての関心事なのであり、政府の政策を宣伝するためのものであってはならないのだった。

そして、この主張に対して、共産党を除く全ての政党が基本的に賛成している。共産党が反対したのは驚くに当たらない。彼らは政府から、憲法秩序つまり西ドイツの国家体制に対する脅威、つまりフォン・レクスが言う「反民主主義的勢力」として認識されており、自らもそのことを理解していた。さらに共産党から見れば、西ドイツは、かつてのナチスの犯罪者がとくに司法と警察に居すわる正統性を欠いた国家なのであり、そのような体制を擁護することは考えられない。そもそも西ドイツの憲法(ボン基本法)は東西ドイツの統一までの暫定的なものとされていたのであり、その維持を図ることは、ドイツ統一という憲法前文に記された要求とも矛盾するのだった。

一九五二年に設立された連邦祖国奉仕センターと、それを引き継ぐ連邦政治教育センターの活動全般において、共産党および左翼過激派の思想的影響力の排除を目指す政治教育が重要な意味を持ってきたことは間違いない。設立から六一年までの一〇年間に同センターが発行した書籍およびパンフレットの計二五四冊のうち、二割弱の五〇冊が共産主義に関係するものである。[14] 冷戦体制下において連邦センターは、東ドイツとの宣伝・情報戦に参加していた。それは外交・安全保障政策を補完するものとして存在していたのである。また五七年にはケルンに、センターの一部局として東方コレーク(Ostkolleg der Bundeszentrale für Heimatdienst)が設立されたが、これは公務員のための反共学校として機能したと言われる。[15]

しかし、以上は、連邦祖国奉仕センターが左翼に対してのみ警戒心を持っていたことを意味するものではない。同じ一〇年間に、反ユダヤ主義をテーマにした書籍類二七点、反ナチ抵抗運動に関するもの二〇点、またナチズムと第二次世界大戦に関するもの一六点の計六三点が刊行されている。

ワイマールの失敗の後にあって、右翼の過激主義への対応は、一層真剣に進められなければならなかった。初代センター長には、第三帝国においてカトリックの反ナチ活動家として知られていたフランケン(Paul Franken)が就任している。また、とくに反ユダヤ主義との関係においては、一九六三年以来、イスラエルへの研修旅行が組織されてきた。四〇年間に二〇〇回以上、計六〇〇〇人以上が参加したこのプログラムは、両国の和解に役立つと同時に、現在のイスラエルが抱える困難についての認識を深めることにも貢献してきたと言われる。

このように、右と左の過激主義から議会制民主主義を守ることのほか、連邦祖国奉仕センターには、ヨーロッパ思想の普及という目標も課せられていた。センターの設置を定めた一九五二年の布告には、次のように記されている。「連邦祖国奉仕センターは、ドイツ国民のあいだに、民主的・ヨーロッパ的思想を確固たるものとし、その普及を図ることを課題とする。[16]」

初期の連邦センターの活動は、反ナチズム・反共主義、そしてヨーロッパ主義という共産党を除く各会派の最大公約数の範囲におさまっていたはずだが、それでも現実の政治の要求、とりわけ与党の期待に振り回されずにはいなかった。

最初にこの問題が顕在化したのは、一九六〇年のことである。きっかけは、反核運動に携わっていた人物の論考がセンターの刊行物に掲載されたことだった。それが、管轄する内務省から、反共主義のコンセンサスに抵触するとみなされたのである。それ以来、刊行費用が一〇〇〇マルクを超える出版物についてはすべて、内務省による事前の許可が必要になった。この措置は、センターの出版物全体の三分の二以上に及んだという。[17]

そもそも六〇年代に入ると、学校の政治教育をめぐる議論においてパートナーシップ教育論への批判が現れるのと同じように、連邦センターの活動に対しても、現実の政治的なコンフリクトを扱うことが求められるに至ったが、内務省はそれを認めようとはしなかった。ここにも、批判を嫌った保守政権の姿勢が表れている。

このようなセンターの方針に対し、現実性が欠けているとの批判が浴びせられるなか、ようやく一九六六年に変化の兆しが認められることになる。この年に初めて内相が、学問的な議論に従うという条件つきで、現実の政治的・社会的コンフリクトを扱うことを容認した。ただし、センターが利害対立や権力への注目を積極的に促すようになるのは、六九年の政権交代以降のことである。とくにこの頃から、連邦センターが毎週発行する『政治と現代史から』に、論争的なテーマについての批判的な論文が多く掲載されるようになる。[18]

以上のような展開は、一方で西ドイツにおける政治情勢を反映し、他方でそれと連動した政治教育理論の展開に対応していると見てよいだろう。一九七〇年代の政治教育のキーワードは、批判、解放、協同決定であり、これらが連邦センターの刊行物にも普通に見られるようになった。

とくに、この時期の活動では、政治教育のありかたそのものがテーマとして重要な位置を占めている。一九七〇年代前半に連邦センターが助成した五万一七八〇件のシンポジウムや会議のうち、政治教育の方法論をテーマとしたものが七〇八六件（一三・七%）を占め、かつて活動の中心であった共産主義（への批判）の八四三件（一・六%）を大きく上回っている[19]。そのほか、開発政策や環境問題、平和研究など、連邦センターの活動範囲が大きく広がったのも、ほぼ同時期のことである。

一九七〇年代におけるもう一つの転換は、東欧諸国との関係に認められるだろう。社会民主党のブラント首相が主導した東方外交は、それまでとは異なる国際環境を作り出していた。そして、外交政策の方針が東側との対決から平和的共存へと変更されるにともない、連邦センターの東方コレークも、共産主義に対して合理的に対応するために、敵愾心に基づく偏見を克服することを新たな目標として掲げるにいたる。具体的には、コレークが主催するシンポジウムや会議に、東側諸国から多くの講師が招かれるようになり、東西間の緊張緩和が目指されることになるのである[20]。

こうした展開に異論がなかったわけではない。批判的政治教育学やポーランドとの教科書対話に批判が集中したように、連邦センターの活動に対しても、保守派から厳しい目が向けられることになった。とくに前章で触れた教科書に対する批判に少し遅れる形で、八〇年代に入る頃から保守派の巻き返しが開始され、一九八二年の政権交代を待たずに、連邦センターは一足先に再保守化を果たしている。

左派から「ポケットサイズのマッカーシー」と揶揄されたキリスト教民主同盟のランググート(Gerd Langguth)が一九八一年にセンター長に就任すると、コール政権のもとで彼は、八三年に『政治と現代史から』に掲載される予定だった市民的不服従をテーマとする論文を、国民を憲法秩序への肯定に導くという政治教育の原則に違反するとして削除させ、また八五年には「国家シンボル普及プロジェクト」を推進し、政治的に微妙な問題のある「ドイツの歌」の全ての歌詞を録音したレコードの配布をおこなった。戦後ドイツでは、その歌が第三帝国で果たした役割、とりわけ一番の歌詞の内容を考慮して、公式行事などでも三番の歌詞しか歌わないことになっていたが、こうした政治的・歴史的経緯を教える教材として位置づけることにより、一番と二番の歌詞まで教えることを求めたのである。

しかし、このような保守化の傾向の一方で、ナチズムの過去への取り組みという点では、八〇年代は大きな意味を持っている。すでに五〇年代以来、ナチズムは政治教育によって大きく取り上げられてきたが、一九七九年にアメリカのテレビ映画「ホロコースト」が放送されると、それを見て初めてその出来事の重大性を認識したというドイツ人が大勢存在することが明らかになった。この事態に衝撃を受けた連邦センターは翌八〇年、「ナチズムと抵抗運動についての啓蒙とナチズムの犠牲者の追悼施設の整備、および一九四五年の議会制民主主義の再出発に関する啓蒙のための特別プログラム」を発表する。[21] この時の活動の中では、ドイツ現代史についてのスタンダードワークの作成が進められ、日本でも有名なクレスマン(Christoph Kleßmann)の『戦後ドイツ史 一九四五―一九五五』など一連の歴史書が作成された。

西ドイツ時代における連邦センターの活動を振り返ると、それは既存の社会をより積極的に民主化しようとする方向性と、現状維持に重きを置く方向性のあいだで揺れ動いてきたが、基本的には後者が勝っていたと言えるだろう。

ヒリゲンは、ドイツにおける政治教育論をその目的意識によって、右翼‐民族主義、保守的自由主義、社会的自由主義、社会主義の四類型に分類しているが[22]、連邦センターの活動は、おおむね第二類型「保守的自由主義（あるいは形式民主主義）」を軸に展開されてきたということになるだろう。政治教育学自身が保革に分極化するなかで社会的自由主義の主張も増大したが、それが主流となったとまでは言えないように思われる。むしろ、保守的自由主義と社会的自由主義の相互承認が、一つの到達点として認識されるべきであろう。

他方、戦前の国立祖国奉仕センターの失敗と比較するとき、基本的には国家防衛という役割が期待されている点で共通しており、また国家シンボルの強調のように、その活動には民主的というよりもナショナリスティックな色彩が認められる事例もあるものの、冷戦下での東西ドイツの分裂と西側における ヨーロッパ統合という枠組みのもとで、民族的な国家主義よりもむしろ反共主義が少なくとも当初は優勢であり、その意味において西側民主主義の擁護という姿勢が、戦後の連邦センターの基礎を形成してきたと考えられる。あるいは、反共主義が放縦な民族主義に陥らずに、憲法秩序の維持を目指すおおむね保守の範囲におさまったところに、冷戦体制に枠づけられた西ドイツの政治教育の性格を認めることができるかもしれない。

今日の連邦政治教育センターの活動

一九八〇年代末から九〇年代初頭にかけてソ連を中心とする東側諸国が崩壊し、九〇年に東西ドイツの統一が達成されたことで、連邦センターをとりまく環境は一変する。なによりも、それまでの東ドイツからのイデオロギー攻勢に対抗するという基本方針からの転換を迫られることになった。

その代わりに急浮上したのが、いわゆる旧東ドイツ時代の過去の克服と東西ドイツの住民の心理的統合、統一と前後して全土の青少年のあいだで高まりを見せた右翼急進主義への取り組み、そして速度を増すヨーロッパ統合への対応といった諸課題である。

もちろん、現代世界における課題はそれらにとどまらない。かつてボイテルスバッハの政治教育学者会議を主催したバーデン・ヴュルテンベルク州立政治教育センターの前センター長シーレ(Siegfried Schiele)は、今日、政治教育が集中的に取り組むべきテーマとして、さらに失業問題、テロリズム、グローバリゼーション、社会構造改革をあげている[23]。

そして実際に連邦センターの活動範囲もきわめて多岐にわたっている。

とくに、二〇〇〇年から二〇〇四年に発行された『政治と現代史から』誌は、最近の連邦センターの問題意識をよく示すものである。同誌は年間三五号前後、上記の五年間に計一八一号が発行されており、イラク戦争や二〇〇二年の連邦議会選挙など、その時々の政治的テーマも取り上げられるが、多くのテーマは毎年繰り返し設定されている。

なかでも、東ドイツの歴史とその地域の現在を特集した号が一五回、同地域を中心とする右翼急進主義と若者文化をテーマとする号が八回、ヨーロッパ統合と移民に関する号が一六回を数え、このようなドイツ統一とヨーロッパ統合に関連する課題が同誌において中心的位置を占めていることは間違いない。なお、二〇〇四年の時点で、連邦センターには、右翼急進主義、移民／EU、グローバリゼーション、メディアの四テーマについて特別プロジェクトが設置され、出版活動だけでなく、シンポジウムその他のさまざまなイベントが開催されている。

とりわけEUとの関連では、今日、政治教育センターの活動が国境を越えて展開されている様子を確認することが、かつてドイツ臣民を育成するために開始された政治教育の到達点を把握する上で有意義であろう。

一例をあげれば、「ヨーロッパ政治教育年」を翌年に控えた二〇〇四年九月、連邦センターは、巡礼の町として象徴的な意味を持つサンティアゴ・デ・コンポステラ(スペイン)において、ヨーロッパにおけるシティズンシップ教育のためのシンポジウムを開催した。一九九七年にすでに、ストラスブールの欧州評議会は民主的シティズンシップ教育プログラムの推進を決議し、それ以来数度にわたって研究者や教育行政担当者による国際会議が開かれてきたが、それらを受けて、今回のシンポジウムでは各国の政治教育関係者のさらなるネットワーキングの重要性が訴えられた。

これは、国境を越えた民主主義空間の発展を追求する今日のヨーロッパの問題意識を示すものと言えるだろう。ヨーロッパの各国は異なる民主主義の歴史を持ち、また東ヨーロッパには最近まで独裁的な政治体制下にあった諸国も存在する。こうした各地の事情は、単一の理解・思想に基づく政治教育の実施を困難にしているが、だからこそ民主主義、人権、社会的公正、政治参加、メディア・リテラシーといった可能な範囲で共通の目標を確認し、その上で各地の経験についての情報を共有する仕組みを構築することが求められているのである。

他方、戦後ドイツの視点に立つとき、いわゆるヨーロッパ学習は政治教育のなかでも最も古いテーマに属している。しかし、かつてヨーロッパとしてイメージされていたのが、主として統合の進む西ヨーロッパだったのに対し、一九九一年一二月に連邦政府によってまとめられた「政治教育の現状と展望に関する報告」に次のように記されていることは、注目に値するだろう。

> そこ(ヨーロッパをテーマとする政治教育――引用者注)ではヨーロッパ共同体のみを問題にするのではなく、東ヨーロッパの変革によって全ヨーロッパの統合過程が座視できないものになっている。……ドイツの連邦市民がヨーロッパの民主主義への道に強く参加する用意を行うための知識を伝達すべきである。一体化されたヨーロッパにおいては、その市民によって民主的にコントロールされた共同の影響力が必要とされる。[24]

この報告が示しているのは、今日のドイツの政治教育は、もはや国内の民主化とヨーロッパ(の隣国)についての理解の促進に満足することは許されないという認識である。EUを越えてヨーロッパ全体――具体的には欧州評議会加盟国ということになろうが――を一つの社会として捉えた上での民主主義の発展への貢献が求められている。もちろんヨーロッパには、各地に微妙に異なる民主主義理解とそれに基づく教育活動が存在しているのであり、戦後ドイツの政治教育がどれほどの実績をあげてきたとしても、その経験の一方的な普及を図るのは無意味である。連邦センターによるネットワーキングの提唱は、こうした現実を踏まえた上でヨーロッパ全体の政治教育を推進する姿勢を示したものと言えるであろう。

このように、今日の政治教育はすでに国際的な次元を獲得している。しかし、当然のことながら、その実際の活動が主として各国内で進められることに変わりはない。従来の教育活動の深化という課題は、常に追求されなければならないのである。

連邦センターの具体的な活動の例としては、政治教育コンクール(Schülerwettbewerb zur politischen Bildung)に注目することが有益だろう。一九七一年から三〇年以上にわたって続けられているこのプロジェクトは、連邦センターと学校教育とを直接的に結びつけるものであり、二〇〇四年度には全国から二三四〇件の応募があった。

このプログラムでは、連邦センターが設定する、そのときどきのアクチュアルなテーマに、各学校の生徒が政治や歴史の授業その他においてクラスで取り組み、優秀な研究成果をまとめたクラスには、パリ旅行やプラハ旅行のような外国旅行が賞品として与えられる。また、優れた研究成果は、ボンの連邦センターのほか、各地を巡回展示される。

二〇〇四年度のコンクールのテーマは、「学校でのいじめ」「オリンピック――魅力と批判」「空襲下の生活」「新聞をつくる」「石油――黒い黄金‐黒死病」「緊急の政治的課題」の六つであった。その前年のテーマが、「私たちも政治参加する」「資源としての飲料水」「ナチズムの跡」「トークショーは現実それともフィクション？」「障害者との共生」と自由テーマだったことをあわせて考えると、二一世紀初頭においては、マスメディア、共生、政治参加などの観点がとくに重視されていると言えそうである。

ここでは二〇〇三年の「ナチズムの跡」を例にとり、どのような学習が期待されているのかに注目したい。現代史も、あいかわらず政治教育の中心的な課題である。この課題については、具体的な課題の前に、以下の短いテクストが提示されている。

君たちが住んでいる町を詳しく見渡せば、一九三三年から四五年の期間に関係する人や建物、出来事についての記念碑がみつかるはずです。多くの人びとが、政治的、人種的、宗教的その他の理由のために迫害され、殺されました。ナチスの過去の痕跡は、どんな町や村にもあります。……こうした記念碑は、私たちが忘れてはならない重要な出来事や人物を指し示しています。過去から学び、同じことが将来起こらないようにするためです。自治体は、このような警告碑によって「忘却に抗する道」を訴えています。多くの人びとの無関心と同調、支持があって初めて、ヒトラーの暴力支配は機能できたのだからです。……市町村によって、このような記念碑を設置するにいたる過程は大きく違っています。大きな困難があった町もあれば、すでに多くの記念碑が設けられている町もあります。

このテクストに続いて、低学年用と高学年用の課題が示されている。高学年向けの課題は、以下の五つのステップからなっている。

第一ステップ　右のテクストを読み、内容についてクラスで話し合う。
第二ステップ　自分の町にあるナチズムと関連する記念碑を捜す。
第三ステップ　ナチス時代を知っている人を探し、記念碑が示している当時の出来事についてインタヴューする。
第四ステップ　これまで記念碑が設けられていないケースを捜し、さらに、そのケースについて情報を収集する。
第五ステップ　Ａ４判用紙八枚以内で、そのケースをめぐる過去と現在の議論、記念碑に刻む文面の提案、その記念碑が必要な理由を記した報告書を作成する。

このプログラムは、いわゆる「記憶の場」と「オーラル・ヒストリー」の政治教育への応用と言うことができるだろう。

戦争中に労働力として半ば強制的に連れて来られて戦後もドイツに暮らしている人びとに、当時の町と労働の実態についてインタヴューをしたり、ナチス時代の建物や破壊されたシナゴーグの跡を訪れ、お年寄りから、そこで実際に見たことを聞いて文章化したり、あるいはまさに記念碑を手がかりに聞き取り調査や町の文書館での資料調査により当時の様子を調べるといった教育活動は、以前から一部の教師によって実践されてきたが、そのような優れた授業モデルの全国的な普及を図るところに、プログラムの意図があったものと推測される。こうした生徒自らの作業による学習を中心とする、すでに一定の評価を受けている政治教育の方法の普及という役割は、自分たちで記念碑を調査して壁新聞を作成させるという低学年用の課題や、これ以外のテーマにもあてはまる。

連邦センターは様々な種類の刊行物――学校教育や成人教育を念頭においた教材に加えて学術論文や学術書――を発行し、子どもや大人の国際交流を促進し、さらに政治教育コンクールなどの企画を主催するほか、各種の講演会やシンポジウムはもちろん、政治的・社会的テーマを扱った演劇を支援するシアター・フェスティバルを開催するなど、多角的な教育活動を展開している。政治・経済学から歴史学・社会学・文学にまで及ぶテーマの広さと、活動形態の多様性が、今日のこの機関の特徴を形成していると言うことができる。

学校における政治教育

これまで見てきたように、連邦センターは多彩な活動を進めており、またそれ以外の州政府や政党、教会などによる政治教育機関も、一定の役割を果たしているとはいうものの、今日のドイツにおける政治教育システム全体のなかで最も重要な位置を占めるのが学校であることは間違いない。

また、政治教育というきわめて概念の広い領域には、学校教育における歴史や地理、哲学・倫理・宗教、ドイツ語、外国語、芸術、職業、自然科学などの広範な教科群が直接的に関係するが、なかでも政治科が中心的な位置を占めることになる。

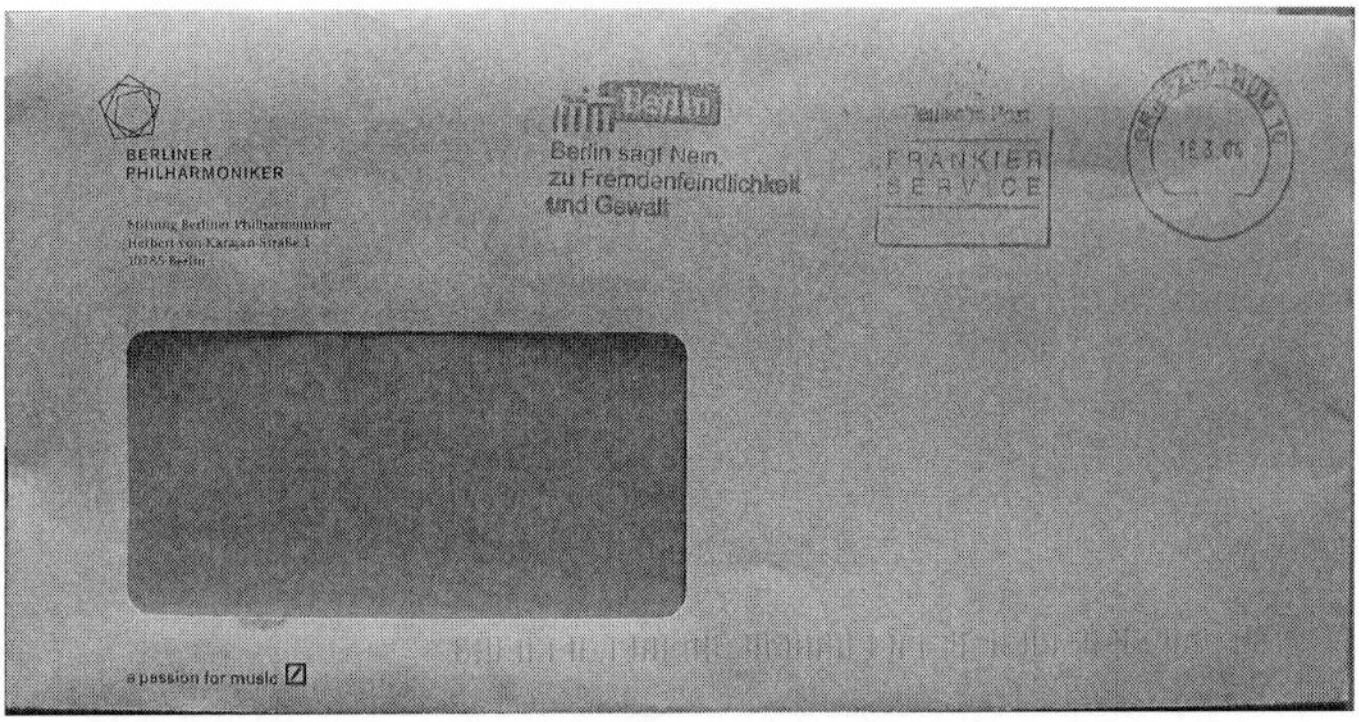

図４　郵便スタンプも政治教育に活用されている.「ベルリンは外国人への敵対と暴力に対してノーと言う」

連邦国家であるドイツにおいて、学校における教育内容に関する事項は基本的に連邦政府ではなく州政府が管轄している。連邦憲法(基本法)は政治教育の目標等について何も語っておらず、その規定は各州の憲法および学校法の課題となる。多くの州は、民主主義、人権の尊重、法の尊重、政治・社会的責任、平和の追求、環境への責任といった一般的な政治教育の目標を憲法に記しているほか、すべての州の学校法が、政治教育についての何らかの規定を備えている[25]。

しかし、その目標規定の仕方は非常に多様である。各州はボンの常設文相会議を通じて共通の意思形成を図っており、たとえば二〇〇〇年に「学校教育における人権教育促進に関する勧告」を公表したように、政治教育についても最低限の共通性の確保を目指しているが、このような勧告に拘束力はなく、現実には、その実現は州により様々である。議会が立法化する場合、教育相が通達を発する場合、さらに何もなされない可能性も存在している。

二〇〇〇年の勧告について言えば、それは冒頭で「人権は人間の尊厳ある生活にとって欠くことのできない条件である。人間の尊厳から導かれる人権が不確かでは、政治的自由と社会的公正が実現されることはない[26]」と謳っているが、この「人間の尊厳」の尊重を政治教育の目的として掲げる学校法を持つのは、一六州中七州にとどまる[27]。

もちろん、これは残りの九つの州で人権教育が行われていないことを意味するものではない。そのうちの四州の学校法には「人間の尊厳」という言葉は見られないものの、「基本的人権の尊重」そのものが掲げられており、すべての州において政治教育には——人権の尊重を要求する——基本法と州憲法の精神に基づくことが求められている。

教科書は、こうした状況をよく示している。

とくに近年、各州の教育課程の多様化が著しく、一冊の教科書で対応できる州および学校種の数が減少しているとはいうものの、歴史や地理といった教科では、まだ複数の州で使用が許可された教科書が普通に見られるのに対し、政治科では、そのような教科書はむしろ例外的である。そもそも教科の名称が、政治(Politik)、政治教育(Politische Bildung)、政治経済(Politik und Wirtschaft)、社会科(Sozialkunde)、共同体科(Gemeinschaftskunde)、社会科学(Sozialwissenschaften)などと多様である。その結果、多くの教科書が、特定の州、さらには特定の学校種を念頭において作成されており、これは政治科の教育課程が歴史や地理よりも多様性が高いことを示している。教育内容に大きな違いがあるわけではないが、授業時間数や教育課程における位置には各地の教授学理論の影響が見られる。

こうした状況において、『政治を体験する』[28]は、九つの州の前期中等教育におけるほぼすべての学校で使用が許可されている、やや例外的とも言える標準的な教科書である[29]。

この教科書は、次のような一一章からなっている。すなわち「第一章　教室の中での共生」「第二章　家庭における社会的学習」「第三章　地方自治体と州の政治と参加」「第四章　マスメディアの課題」「第五章　社会の中の青少年」「第六章　職業選択」「第七章　経済と環境」「第八章　連邦共和国の政治的秩序」「第九章　法と司法」「第一〇章　ヨーロッパ統合プロセス」「第一一章　国際政治の課題としての平和」である。

きわめて簡素な構成と言ってよいだろう。一―三章では同心円的に個人と社会の関係について学び、四―六章では今日の社会の中で青少年が直面する問題を扱い、七―九章で政治経済と法を学習し、最後の二章で国家を越える次元の社会について学ぶのである。この分かりやすさが、多くの州の多くの種類の学校で使用を認められている要因と推察される。

それに対して、ザクセン・アンハルトでのみ使用が許可されている教科書『事実』[30]の構成は、以下の通りである。すなわち「第一章　家庭での生活」「第二章　平等と不平等」「第三章　学校における民主主義」「第四章　社会のなかの私たち」「第五章　州と地方自治体の政治」「第六章　連邦共和国の民主主義」「第七章　メディア」「第八章　経済と環境」「第九章　法と司法」「第一〇章　ヨーロッパ統合プロセス」「第一一章　国際政治」「第一二章　みんなのための一つの世界」となっている[31]。

この教科書も基本的には『政治を体験する』と同様の枠組みに準拠しているものの、「平等と不平等」および「社会のなかの私たち」という章が設けられている点に、特徴を認めることができる。これは、旧東ドイツ地域であるザクセン・アンハルトにおいて、社会的弱者や社会のなかの暴力といった問題が重視されていることを示唆するものである。

図 5　『社会を意識して』(2002 年)

　これらの二冊の教科書とは、かなり構成の異なるものもある。ブランデンブルクなど四州で許可されている比較的有力な教科書『社会を意識して』[32]は、次の一三章から構成されている。すなわち「第一章　自由・平等・友愛」「第二章　都市とその周辺」「第三章　技術革新――可能性と危険」「第四章　ヨーロッパの諸国家――戦場から隣人へ」「第五章　世界各地の生活」「第六章　ワイマール共和国――民主主義者なき民主主義」「第七章　ナチズム――『総統が命令したから……』」「第八章　マスメディア――情報と操作」「第九章　一九四五年以降のドイツ」「第一〇章　ドイツの社会問題――政治への要求」「第一一章　欧州連合――結束すれば強くなる」「第一二章　地球の気候変動――何をなすべきか」「第一三章　古い世界秩序と新しい世界秩序」である。

　この教科書は、空間的な同心円方式を採用せず、代わりに現代の政治的課題に対して時間的・歴史的視点からアプローチを試みている。第一章の「自由・平等・友愛」は、「理性の光」という節から書き起こされているが、それはまさしく啓蒙に、現代世界において政治教育が果たすべき役割の根拠が求められていることを示している。

　ドイツの政治教科書は、このように、その構成において多様である。しかし、同心円的(社会科的)、時間的(歴史科的)のいずれの構成にもしっくり収まらないにもかかわらず、ほぼ例外なく取り上げられるテーマにマスメディアがある。連邦センターの活動でも重視されていたように、今日、マスメディアは最も重要な社会化ファクターとして、政治教育の関心の中心に位置している。これは、選挙はもちろんのこと、政治的論争点の形成から意思決定にいたる政治的プロセスの全体がマスメディアの影響下にある今日、当然のことと言えるだろう。

メディア教育への注目

本節では、ドイツの政治教育におけるメディア教育の目標、つまりメディア・コンピテンスとして、いかなる能力の養成が目指されているのかを探っていくことにより、学校における政治教育の一端に迫りたい。

初めに用語について確認しておく必要があるだろう。

ドイツ語には Medienpädagogik(メディア教育学)と Mediendidaktik(メディア教授学)の二つの表現があるが、両者の関係は必ずしも明確ではない。一応の区別としては、メディア教育学が、とくにマスメディアが提供するものを理解、判断する能力の育成を目指し、具体的にはテレビや新聞、映画などが持つ政治経済的機能をめぐる批判を中心とするのに対して、メディア教授学は、通常の授業においてテレビ番組等のメディアを従来の教科書などを補う教材として利用する方法を追究してきたのであり、また最近ではいわゆるニューメディアの活用能力の育成を主な目的としていると言うことができる。

これは、メディア教育学の歴史が、二〇世紀初頭に映画の（悪）影響から子どもや大人を守ろうとしたところから始まるのに対して、メディア教授学の歴史が、一九六〇―七〇年代における――後にコンピュータ支援教授法を扱うようになる――教育工学から説き起こされるという違いにも表れる。

しかし現実のメディア教授学は、ニューメディアがもたらす様々な社会問題を視野から排除することはできず、その利用をめぐる批判的な姿勢を追求する点で、メディア教育学との境界線は曖昧になりつつある。つまり、今日のメディア教育学は、マスメディアの政治経済的機能について教える従来の狭義のメディア教育学と、メディアを教材・教具として捉えるメディア教授学を合わせた領域として存在していると言うことができる。[33]

なお、ドイツの政治科教科書に見られるのは、基本的に狭義のメディア教育学的内容である。確かに近年では、例外なくニューメディアが取り上げられ、そこではインターネットを利用して調査を行うといった学習活動も奨励されているが、それは政治教育にとっては副次的なものと言えよう。

戦後の政治科教科書がメディアについて扱うようになるのは一九六〇年代のことだが、それ以来、マスメディアによる政治的操作に対抗する能力の育成が中心的課題の一つとされてきた。

また、六〇年代に初めてメディアが取り上げられるようになったということは、戦後初期の時点で、批判的なメディア教育学がドイツに存在しなかったことを意味するものではない。むしろ第三帝国時代に大衆操作の道具として新聞等の印刷メディアはもちろん、ラジオや映画などマスメディア全般が徹底的に利用されたことへの批判から、西ドイツ成立当初より、マスメディアの破壊的な影響力に対する警戒の意識は強かった。[34]

しかし、このような、青少年に対する反民主的影響の排除を目指すメディア教育さえ、五〇年代における共同体主義的なパートナーシップ教育論に基づく政治教育においては、その位置を見出すことができなかったのである。

後に保守派から攻撃されることになるヒリゲンの教科書シリーズ『見る・考える・行動する』の一九六〇年版（第七―九学年用）には、「第四の権力」と題する節が設けられ、そこでは――おそらくナチズムと共産主義に対する批判的姿勢に基づき――、政治的プロパガンダについて考えることからメディア学習が開始される。わずか六ページほどの内容は、最後に次のように要約されている。

自由な民主主義は、多様な意見が可能であることを前提にしています。一人ひとりはなんらかの意見に盲目的に従うのではなく、自分の意見を形成しなければなりません。世論の道具である新聞、ラジオ、テレビ、映画は自由でなければなりません。全体主義国家では、新聞、ラジオ、テレビ、映画は国家によって統制され、プロパガンダのために利用されます。プロパガンダは常に一つの意見しか認めません。それは一人ひとりが自分の判断を持つことを放棄するとき、賛同を呼ぶのです。良い新聞は「事実」と「意見」を区別します。プロパガンダは、民主主義においては――目覚めた読者によって――競争に敗れます。政治への関心の不足は、民主主義にとって脅威です。情報をもたない人は、判断を下すことができません。よく考えない人は、自分の意見を述べることもできないのです[35]。

この教科書は、国家によるマスメディアを通じた操作の危険を前提としつつも、それを民主主義社会の実現のために活用することへの期待を表明していると言ってよいだろう。これは——操作の主体が国家に限定され、メディア資本への警戒の意識が見られないことを除けば——、政治教育の枠組みにおいてマスメディアを扱う以上、当然とも考えられるが、こうした基本方針がその後のドイツの政治教育におけるメディアの扱いに貫かれることになる。

一例として、二〇〇二年に刊行された『社会を意識して』に見られるマスメディアの章の最後に置かれた要約に注目しよう。

ニュースや新聞記事は、政治的な方向性や個人の姿勢、制作者の経済的利害によって影響されています。操作から身を守るためには、事実と意見を区別し、できるだけ多くの情報源から情報を得なければなりません。

民間テレビ局にとっては、高視聴率が番組制作の目的です。多数の視聴者は多額の広告収入を意味します。……その番組を監視する機関もありますが、その権限は勧告的な意見を述べるにとどまります。

マスメディアは、世論形成において、また民主主義における批判・統制機関として重要な役割を担っています。それは「第四の権力」と呼ばれます。……前提は報道の自由であり、それは基本法に根ざしています。

余暇に、仕事に、学習に、ますますインターネットが占める役割は大きくなっています。しかし、それは開放的でほとんど統制ができません。ネット犯罪にとって魅力的な空間です。デジタル技術を使えば、誰も気づかないように画像を加工することが容易にできます。独裁国家は、いつも写真に修整を施すことで、その歴史を加工してきました。[36]

一九六〇年のヒリゲンの教科書と異なり、この教科書では独裁国家で行われる政治的プロパガンダだけでなく、視聴率競争等の経済構造から生じる情報操作も視野におさめられている。こうした内容は、コンピュータを中心とするニューメディアの活用能力に重点を置く——メディア教授学(視聴覚教育)中心の——日本とも、英語科の一部として発展したカナダなどのアングロサクソン諸国のメディア教育とも異なる、[37]ドイツの政治科におけるメディア教育の特徴を示していると言ってよいだろう。当然のことながら、そこではマスメディアの政治的機能、とりわけその民主主義にとっての危険性という視点が中心をなしている。

『政治を体験する』と『事実』におけるメディア教育は、次のように構成されている。

『政治を体験する』	『事実』
民主主義におけるマスメディアの課題	ドイツにおけるメディア消費の現状
メディアの読み方——事実と意見の区別	ニュースはどのように作られるのか

マスメディアは嘘をつく――操作
ニュースはどのように作られるのか
マスメディアにおける暴力
ニューメディアは世界を変えるか

誰がテレビを作るのか――公共放送と民間放送
メディアが政治を決める
マルチメディアの経済的意味
インターネットの社会的影響
情報化は民主主義を進めるか
インターネットの危険性
マイクロソフト社による独占

後者が、ニューメディアをより重視しているのは一目瞭然である。しかし、前者に見られる「民主主義におけるマスメディアの課題」や「マスメディアは嘘をつく」といった内容は、『事実』のなかでは「ニュースはどのように作られるのか」と「メディアが政治を決める」の項で取り上げられており、記述量に差があるとはいえ、それらの観点が欠けているわけではない。『政治を体験する』に存在して『事実』に見られないのは、マスメディアの暴力描写が視聴者に与える心理的影響を問題化する視点だけである。

他方、『事実』においてニューメディアが占める割合が大きいとはいえ、そこでの扱いは、それらがどのような社会的意味を持つのか、とりわけ民主主義にとっての脅威はどこにあるのかを明らかにするところに重点が置かれている。

具体的には、いわゆるデジタル・デバイドに代表される社会問題のほか、インターネットを利用した直接民主制という夢も、もしそれが実現すれば、政治的議論がイエスかノーかに単純化され、妥協を含むマイノリティの意見の尊重のような政治的価値が失われるという悪夢をもたらすのでは、といった問いが投げかけられる。さらに、インターネットの普及により、すでに一方で右翼急進主義や児童性愛サイトの拡大といった、法に基づく取り締まりが追いつかない状況が生まれ、他方で、インターネットを通じて一人ひとりの行動のデータが集積され、世界規模での監視社会が形成されつつあると指摘する。[38]

マスメディアによる操作という従来から指摘されてきた民主主義への脅威に対しては、できるだけ多くのメディアから情報を得ること、報道における事実と意見の区別をすること、そしてより根本的には三権を監視する第四の権力としてのメディアに報道の自由を確保することが重要であるとする対処法が提案されるのに対して、インターネットが世界にもたらした諸問題については、処方箋を示すことなく、ただそれらを指摘するだけであるところに、問題の重大性が表れている。『事実』は、こうした問題意識を反映した構成を取っているのである。

『事実』のもう一つの特徴は、メディアの経済的側面への強い関心に認められる。これも既述のように、六〇年代の教科書には見られない視点である。ドイツではテレビに民間企業が参入を果たしたのは一九八四年のことであり、それまでは公共放送しか存在しなかった。しかし今日では、バーテルスマン社傘下のＲＴＬグループを中心とする民放局が、とくに若者のあいだで高い視聴率を得ており、教科書は、こうした事実への意識を促している。

そこでは、まず公共放送ＡＲＤの白書から引用する形で次のように述べられている。

メディアはマーケットの論理が要求する以上を提供しなければならない。もしメディアが需要と供給の法則に従うならば、公共の議論が大量の情報と娯楽の波のなかに飲み込まれてしまうおそれがある。[39]

民主主義に不可欠な情報と議論の場を提供することを使命とし、視聴率を必ずしも追求せずに社会のマイノリティも視野に入れた番組制作・編成を行うことが求められる公共放送に対して、民間放送は利潤の追求を目的とし、高視聴率を追い求める存在として位置づけられる。そして、広告収入に過度に依存したメディアに、ジャーナリズムの独立性を期待することは難しいと指摘されるのである。また当然のことながら、メディアの寡占化も民主主義にとっての危険であると認識されている。

ニューメディアに対する経済的観点からの分析も厳しい。それは、確かにハードウェアやソフトウェア産業に新しい職場を創出するが、その一方で、従来の印刷業などを中心に大幅な人員整理をもたらすという。また、多くの人が自宅のパソコンで映画を観て、音楽を聴き、買い物をするようになれば、商店街から人通りが消え、各地に廃墟が広がることにならないか、そういう近未来の社会は今よりも人間にとって幸福と言えるのだろうか？　と問われる。

こうしてみると、メディアによる操作や心理的悪影響から自らと社会を守る方法の習得に重点をおく『政治を体験する』に対して、『事実』は、そのような古典的な問題に加えて、今日の私たちは、対処法が必ずしも明確ではない様々な問題に囲まれて暮らしているという現実を認識させることをも目指していると考えてよいであろう。

ドイツの政治科におけるメディア教育は、基本的にマスメディアが持つ民主主義に対する責任を明らかにし、その上で一人ひとりに対しては、マスメディアへの政治経済的に適切な姿勢を形成するよう促している。それはアングロサクソン諸国に広まるメディア・リテラシー教育のように、メディア作品やポピュラー・カルチャーを、その社会的背景を考慮しつつ反グローバリズムやフェミニズムなどの観点から読み解くところにまでは踏み込んでいないが[40]、むしろ課題を限定することにより、マスメディアによる政治的操作を中心とした民主主義への脅威に効果的に対抗しようとしていると言ってよいだろう。

本節の冒頭で述べたように、ドイツの政治教育課程は多様である。しかし、メディア教育の例が示唆するように、また政治教育という包括的な言葉の存在そのものが象徴するように、その内容にはある程度の共通性が認められる。

こうした状況を背景として、ドイツに新しく設立された政治教育学会は、二〇〇三年に「学校における政治科教育のナショナル・スタンダード」をまとめた。次節ではさらに、このナショナル・スタンダードを手がかりに、政治教育が今日のドイツにおいて、いかなる能力を養成することを求められているのかに迫りたい。

政治科教育のナショナル・スタンダード

「政治教育学および青少年・成人政治教育のための学会」は一九九九年に設立され、二〇〇一年からは、数学教育学会や言語教育学会などとともに教科教育学会を構成している。

ドイツには、ほかに一九六五年設立のドイツ政治教育協会も存在するが、こちらは、政治教育をめぐる研究交流のほか、各地の政治教育学者や学校その他の教育機関で実際に政治教育に携わっている教師の力を結集し、教育行政や立法への働きかけを通じて、政治教育の地位と質の向上を図ることを目標とする組織である。この背景には、学校教育において、政治科が歴史や地理といった関連教科に比べて軽視されがちであるという関係者の認識がある。

それに対して新しく設立された学会はまさに学会であり、政治教育学の発展や研究成果の公開、後継者の育成を主要な活動目的としている。会員資格としては、原則的に博士学位を持ち、政治教育学における著作があることが求められる。

この政治教育学および青少年・成人政治教育のための学会が、連邦教育学術省と常設文相会議の委託を受け、二〇〇三年に「学校における政治科教育のナショナル・スタンダード」の作成に取り組んだ。正確には、カールスルーエ教育大学のヴァイセノ(Georg Weißeno)を中心とする今日のドイツを代表する六人の政治教育学者が協力して作成し、同年九月に開催された学会大会で承認された。

各州が独自に教育課程を策定するドイツでは、このようなナショナル・スタンダードは、あくまでも個々の州における教育課程作成と授業実践の参考のための存在であり、それ自身は法的拘束力を持つものではない。しかし、それは州を超えた研究者の協力によって作成されている点で、今日のドイツにおける政治科教育の構想を最も典型的な姿で表していると言うことができるだろう。ナショナル・スタンダードは、政治教育の目的、政治教育が養成すべき能力、そして授業課題の例から構成されている。まず、政治教育の目的に注目しよう。

民主主義における教育機関は、全ての人間に公共生活への参加の能力を身につけさせるという課題を持つ。学校は青少年に対し、政治教育を通して今日の経済と社会における方向づけを与え、政治的な問題について民主主義的に判断し、公的なことがらに参加する能力を促進する。こうして学校は、青少年の民主主義の能力を常に更新するという重要な役割を果たすのである。政治教育の目標は政治的成熟である。それは、個人の視点からは参加の能力であり、社会全体から見れば、民主的な政治文化と政治システムの維持と発展にとって欠かせない学校教育の目標そのものである。[41]

ごく一般的な目的規定であるとはいえ、ドイツの政治教育の性格がよく表れている。なお、ここで言う政治とは、議会や閣議などの場で意思決定を図るという狭義の政治を指すのではない。経済、法、そして社会の問題全般を含む広い意味での政治が考えられている。

その上で、政治教育には以下の三つの能力を養うことが期待される。すなわち第一に政治的判断能力、第二に政治的行為能力、そして第三に方法的能力である。

ナショナル・スタンダードによれば、政治的判断は、事実についての判断(Sachurteile)と価値についての判断(Werturteile)からなる。

前者は、政治的事実や諸問題についての把握・解釈であり、たとえば複雑な事象から本質的なことと副次的なことを分け、状況を的確に把握する能力が期待される。それに対して後者は、諸問題や葛藤状況を倫理的・規範的に評価することであり、そこでは、個別利害に基づくのではなく、全人類に妥当する基準を具体的なケースに適用する能力が求められる。こうした普遍主義的な視点は、全ての人間が譲渡し得ない権利に基づく近代の自由主義的な立憲国家の基礎だという。

このように、事実と価値における判断のどちらが欠けても、政治的判断は機能しないと認識されている。そのうえでナショナル・スタンダードは、政治的判断能力として、生徒に対し、とりわけ以下の九つの能力を身につけることを求めている。

第一に、自分にとって政治的な意思決定が持つ重要性を認識する能力。

第二に、複雑な政治問題を構造的に把握し、その上で中心的な論点を取り出す能力。

第三に、政治を多面的に、具体的にはその内容的側面(policy)、制度的側面(polity)、過程の側面(politics)から見る能力。

第四に、個々の政治的決定の意図しない結果を問う能力。

第五に、個々の政治的決定が経済的-社会的、また国家的-ヨーロッパ的-世界的次元で持つ意味を問う能力。

第六に、日々の政治的対立を、中長期的な政治的－経済的－社会的視点から分析する能力。

第七に、政治・経済・社会・法における具体的な諸問題を、現在および過去の政治思想と関連づけて理解し、自分自身の理解と比較する能力。

第八に、現実の政治的問題や決定を、民主主義の基礎的価値と関係づけ、批判的に考察する能力。

第九に、メディアが政治を演出する論理とメカニズムを分析する能力。[42]

ここから、ドイツの政治科が日本における政治教育関連教科とはかなり性格を異にしているのがわかる。近年、日本の学校でも基礎的知識の伝達に加えて、政治・経済についての「公正な判断力」の育成が目指されているが、それが実際にどのような能力なのかは必ずしも明らかでないと言わなければならない。また、そこでは単に生徒に調べさせ、発表させ、ディベートをさせるといった授業方法論上の思考が支配的である。

それに対してドイツの政治教育は、現実の政治的争点を素材としながら具体的な政治的決断の内容そのものを問うことを通して批判的な判断力を養おうとするのであり、それはさらに、日本ではほとんど期待されていないも同然の政治的な行為能力も要求している。

この点についても、具体的に九つの能力が掲げられている。

第一に、自分の政治的意見を――たとえ少数派であっても――客観的かつ説得力のある形で主張する能力。

第二に、政治的対立の持つ緊張に耐え、また場合によっては妥協する能力。

第三に、投書やウェブサイトなどのメディアを利用して、政治的－経済的－社会的問題について意見を述べる能力。

第四に、自らの消費行動について反省的に振り返る能力。

第五に、他者の視点に立って考える能力。

第六に、文化的・社会的多様性を尊重し、差異に対して寛容かつ批判的に考える能力。

第七に、政治経済情勢を視野に入れて自らの経済的展望を持つ能力。

第八に、学校を含む様々な社会的状況の中で、自らの利害を認識する能力。

第九に、様々な社会的状況において、効果的に行動する能力。[43]

これらの政治的行為能力は、戦後ドイツにおいて大きな意味を持っている。ヒトラーが権力の座についた時点で、すでに多くのドイツ人はナチスに批判的だった。そもそもナチスが選挙で過半数を取ったことはない。しかし、テュービンゲン大学のマンフレート・フランクも言うように、「この抗議の声をあまりにも多くの人々は、自宅の静かな部屋のなかであげただけだった。公の場では黙ったままだった」[44]のであり、こうした一人ひとりの市民としての責任の回避がアウシュヴィッツをもたらしてしまったという認識は、政治教育に対し、認識や判断力だけでなく、行為能力の養成という課題を与えずにはいない。

そして今日、政治的行為能力の最も具体的な例としては、「選挙で(よく考えて)投票する」という観点が掲げられることになる。ドイツでは一八歳以上に参政権が認められていることから、[45] 後期中等教育段階在学中に何らかの選挙が行われる可能性もある。若者の低投票率は、学校の政治教育が十全に機能していない証拠とされるのである。民主主義社会における学校は、生徒が自らの判断に基づいて政治に参加し、そこで有効な活動ができるよう準備しなければならない。

他方、第三の方法的能力については、とくに政治科が独自にその育成にあたることが求められているわけではない。具体的には、文章や図表等の読解力、作業におけるスケジュール管理能力、集団で協力して作業を進める能力、メディア活用能力、インタヴューやアンケート調査を行う能力などが考えられており、これらは他教科でも必要とされ、また養成されるべき能力と位置づけられている。しかし、こうした基礎的な能力なしには、政治的な判断能力も行為能力も実現することがないのは間違いないであろう。

このあとナショナル・スタンダードは、以上の三領域の能力について、初等教育、前期中等教育、後期中等教育、職業教育の修了時までに身につけるべき目標レベルを掲げ、その上で、一二の教材案を掲げている。

一例として、ほぼ日本の高校に相当するギムナジウム上級段階用の教材「ドイツの外交・安全保障政策」の例を取り上げてみよう。そこでは、二〇〇三年に当時のラウ(Johannes Rau)大統領が行った恒例の「ベルリン演説」[46] の一部が、テクストとして提示されている。

ドイツの外交・安全保障政策は、他の国と同じように、その歴史の刻印を受けています。基本法は、私たちに、統一されたヨーロッパにおいて世界の平和と公正のために奉仕するよう義務づけています。第二次世界大戦、つまり罪の認識、他者の苦しみに対する責任、そしてわれわれ自身の苦しみの経験が、今日にいたるまで私たちドイツ人を深く刻印し、今後もそうであり続けるのです。

ドイツの外交・安全保障政策を主導する利益と価値について問うなら、平和と自由が最も重要です。またドイツの政策は、世界じゅうで人権が守られるよう努めることを義務づけられています。

……

個人の自由は、全人類の人権・市民権が保障されるときに最大になります。世界全体で経済的・社会的発展そして民主主義と人権を促進し、経済秩序を連帯と公正という目標に向けて方向づけなければなりません。

民主主義は、ヨーロッパやアメリカのモデルのコピーであってはなりません。私たちは、異なる文化や伝統を尊重したいと思います。他方で、私たちは歴史から、寛容と多元主義は一つの前提のもとでのみ発展することができ、また有効であるということを知っています。それは、宗教と国家が分離されていなければならないということです。

イスラム世界でも、多くの人びとが同じように考えています。モロッコの作家タハル・ベン・ジェルーンは、次のように述べています。「イスラム・アラブ世界の未来に向けた唯一の可能性は、この一体性を解体することにある。」

平和と経済発展は、私たちの国も追求している目標です。ドイツは、安定した資源の輸入と、そこから生産する財およびサービスの輸出に依存しています。つまり、人びとの才能と勤勉さと知性が重要なのです。[47]

長い演説の一部の抜粋であることから、必ずしもまとまりの良い文章とはなっていないが、そのことが逆に教材としては優れているとも言えるだろう。

このテクストに続いて三つの課題が掲げられる。

第一に、「ドイツの国内政策と外交政策の関係についての大統領の立場を要約しなさい。また経済と外交政策との関係を、彼はどのように捉えていますか？」である。これはテクストについての理解を確認する設問と言ってよいだろう。

第二の課題は、「あなたが知っている外交政策理論を用いて、このテクストの主張を説明しなさい」である。

この点については、ナショナル・スタンダードによれば、生徒はすでに、国際関係についてはリアリズムと理想主義という二つのアプローチがあること、さらに外交政策に対しては権力政治の観点、経済的観点、市民的観点があるのを学んでいることが前提とされている。したがって、この演説では、リアリズムに基づく権力政治的な観点が弱く、経済的観点と市民的観点が押し出されていることが確認されればよいのであろう。

そして最後の課題は、「現実の世界におけるドイツの外交政策は、大統領が述べるようなものであろうか？」である。この設問に答えるためには、具体的な局面における外交政策について、一定の知識を持っていることが必要とされよう。また当然のことながら、生徒一人ひとりが異なる印象・理解を持つはずであり、授業で議論が交わされることになるものと思われる。

なお、ナショナル・スタンダードは、この教材の目標について、以下の四点を指摘している。第一に自分の政治的判断の基礎にある世界観・価値観を自覚すること、第二に経済と政治の結びつきを理解すること、第三に政治的な問題状況の分析に加えて、その上で現実に可能な選択肢について判断すること、第四に平易な社会科学的テクストを正確に読むこと、である。

実際の授業がどのように展開するのかは、生徒の様々な政治的能力のほか、教師の力量にも依存すると予想されるが、ドイツの政治教育の基本的な考え方を、ここに見ることは不可能ではないだろう。日本における社会科や公民が、社会についての基礎的知識を身につけるよう求める一方で、考察という点では、そのための道具を十分に与えることなく「自由に」まかせている――その結果、仮にディスカッションなどを行っても個人的な印象や感想を述べるにとどまりがちである――とすれば、少なくともこのナショナル・スタンダードは、今日の政治における具体的事例に対し、相互に対立する様々な社会科学的解釈枠組みを適用する作業を通して、一定の体系化された社会認識に裏付けられた政治的姿勢を生徒に自覚的に獲得させることを目指していると言えるだろう。

それは当然、異なる立場の可能性を理解した上でのものでなければならず、さらに、単なる認識にとどまることなく、その認識から導かれる具体的な行動へとつながらなければならない。他者を省みない主張も、行動につながらない認識も、いずれも政治的能力の欠如を示しているのである。

政治教育の最前線から——ジュニア選挙の試み

これまで連邦政治教育センターの取り組みと学校における政治科を例に、今日のドイツにおいて政治教育という言葉が示す活動の範囲と内容、そしてそれを支える問題意識を確認してきた。本章の最後に、連邦センターを含む政治教育機関と学校が連携して進めている教育プログラム「ジュニア選挙(Juniorwahl)」に注目することで、政治教育のより具体的な姿に迫りたい。

ジュニア選挙は、クムルス(Kumulus e. V.)という文化団体が、アメリカの同様な活動であるキッズ・ヴォウティングを参考にして開発したものである。この文化団体は一九九八年にベルリンの大学生を中心として結成され、これまで、ドイツの分断と統一の象徴であるブランデンブルク門の前に巨大な氷の壁を設置することで、人びとの心に潜む不寛容や他者への無関心に目を向けさせるなどの政治的なパフォーマンスを行ってきた。

図６　クムルスのヴォルフ氏

代表のヴォルフ(Gerald Wolff)によれば、「一八歳になるまで選挙から遠ざけておいて、有権者になったとたんに『さあ、みなさん投票に行きましょう』では投票率が上がるはずはない」[48]。大切なのは、選挙権を手にする前から政治と選挙への関心を育むことなのであり、そのためには現実の選挙に参加するのが一番だという。

こうした活動が進められる背景には、日本やアメリカほどではないものの、ドイツでも進行中の民主主義の空洞化、とりわけ若者の政治離れという現象がある。連邦議会選挙の投票率は、一九七二年の九一・一%をピークにゆるやかに低下し、とくに統一以後は、旧東ドイツ地域の低投票率に影響される形で八割を切ることも多くなっている。

また、一九歳から二九歳の有権者に限定すれば、一九八〇年には連邦議会選挙での投票率が八割を越えていたのに対し、九〇年には六七・七%にまで落ち込んでいた。それ以来、低下に一定の歯止めがかかってはいるが――二〇〇二年は七〇・三%――、依然として有権者全体を大きく下回っている。若年層の低投票率は、時間とともに全体の投票率の低下をもたらすと懸念され、深刻な問題である。

もちろん、子どもたちが本物の投票用紙を手にすることはできない。それでも、実際の選挙に際して政党や候補者に対する模擬投票を行うことはできる。日本でも近年「子ども模擬選挙」などの教育啓蒙活動が教師や市民団体の手で散発的に試みられているが[49]、ジュニア選挙はそのドイツ版と言ってよいだろう。しかし、ジュニア選挙が日本の活動やアメリカのキッズ・ヴォウティングと大きく異なるのは、それを連邦や各州の政治教育センターはもちろん、連邦議会のような国家機関が積極的に支援している点である。

こうした公的機関による支援は決定的に重要である。

財政的支援があって初めてジュニア選挙は意味のある規模での実施が可能となるのであり、さらに、そのような公的性格が各学校に参加を容易にするばかりか、その教育プログラム自身の公開性を高めることになっている。[50] 今日、ジュニア選挙は、元大統領のヴァイツゼッカー(Richard von Weizsäcker)や連邦議会議長ティアゼ(Wolfgang Thierse)も称賛する、ドイツで最も注目される政治教育プログラムの一つと言ってよい。

しかし、ヴォルフがジュニア選挙を思いつき、各州政府に協力を求めたとき、その反応は必ずしも温かいものではなかった。単に無視されたり、学校はそのような「お遊び選挙」のための場ではない、といった否定的な返事が次々と返ってきたという。

転機は、二〇〇一年三月にバーデン・ヴュルテンベルクで訪れた。同州のシャヴァン(Annette Schavan)教育相がジュニア選挙の支持を決定したのである。こうして、州立政治教育センターとシュトゥットガルト大学がクムルスをサポートして教材を作成することになった。このときは、わずか一四校から第七学年以上の二〇〇〇人の生徒が参加しただけだったが、生徒たちの関心の高まりは予想を大きく上回るもので、さらに教師たちも選挙を教える優れた教材ができたことを大いに喜んだという。[51]

アメリカの例などと比べたときのジュニア選挙のもう一つの特徴は、そこでは政治的判断能力の育成を促す姿勢が強い点に認められるだろう。なによりも低投票率が問題視されるアメリカでは、学校での学習により家庭で選挙が話題にのぼるようになり、その結果として親の投票率が上昇することが大いに期待されている――実際に三―五％上昇するという――のに対し、(未だアメリカほど低投票率ではない)ドイツで進められているジュニア選挙は、それ以上に、将来の有権者である生徒たちが政治的な知識と判断力を持ち、その上で政治プロセスに参加する意思を獲得することを目標としている。

クムルス自身の言葉によれば、「ジュニア選挙は青少年の政治的社会化に貢献することを目指しており、生徒たちを民主的な意思決定へと導き、連邦共和国の政治システムへの将来の参加を準備するもの」であり、「単に選挙についてだけでなく、政治への関心を促進し、民主主義に対する責任を果たす能力を身につけさせ、勇気づけようとするものである[52]」。

これは、ただ投票所に赴くだけでは民主主義への責任を果たしていることにはならず、民主主義の発展のためには市民による政治的能力の獲得が不可欠であるとの認識を反映している。民主主義は、市民の参加という手続きないしは形式によってのみ評価されるのではなく、その意思決定の質・内容を問われるというのである。ジュニア選挙がドイツにおける政治教育の正統なディスコースの上に位置しているのは間違いない。

こうした目的意識は、ジュニア選挙を支える二つの柱に見ることができる。

第一の柱は、この活動において最も注目を集める投票である。投票は可能な限り実際の選挙と同じように、厳格に実施されなければならない。

ジュニア選挙に参加するクラスの生徒には、クムルスから投票場所と投票時間を記した選挙通知が個別に送られてくるが、たとえば投票日に写真入りの身分証明書を忘れた生徒は、この選挙通知を持っていても投票することはできない。投票は基本的にすべて生徒によって管理・運営されるが、仮に立会人がその生徒の顔見知りだったとしても、認められないのである。このような真剣さが生徒の学習意欲を高める上で不可欠と考えられている。

しかし、本当に大切なのは、第二の柱、つまり投票日までに教室で行われる授業である。投票は、むしろ学習の動機づけのためのイベントなのであり、ジュニア選挙という政治教育プログラムの核をなすのは、それに至るまでの授業である。

選挙権を持たない青少年に政治的意見を表明する機会を提供することで、関心を高めるだけなら、放送局などが実際の選挙に合わせてインターネットでの模擬投票を実施するなど、他にも様々な試みがなされている。それに対してジュニア選挙は、単に選挙への関心を高めるだけでなく、投票というイベントを一つのきっかけとして、選挙を中心とする政治プロセスとそこでの市民の責任について効果的に学ぶ機会を提供するところに、その最大の特徴があると言える。

ジュニア選挙は学校単位あるいはクラス単位での参加を前提としており、クムルスに申し込むと、無料で様々な教材が送られてくる。教師は、それらを活用して選挙について教えることになる。

それらの教材は、選挙に合わせて、各地の大学等の協力を得て、その都度作成されている。二〇〇二年度の連邦議会選挙の際のジュニア選挙では、詳細に授業モデルを記した分厚い教授資料集が各参加校に配布された。ベルリン自由大学の政治教育学研究室が中心となって作成したその教授資料集[53]は、以下の一〇の授業モデルを提供している。

モデル一　選挙：単なる必要な儀式、それとも民主主義のクライマックス？
モデル二　連邦議会の選挙制度：単純で効率的で公正？

モデル三　選挙——もう関心がある人はいますか？
モデル四　誰が首相になるのかはテレビが決める？
モデル五　「失業問題」で票を釣る?!
モデル六　二〇〇二年連邦議会選挙：予想がつかない選挙？
モデル七　男性の世界？　政党の中で女性が持つ影響力
モデル八　誰が候補になるのか？　資質は大切か？
モデル九　選挙戦：情報、それとも有権者の操作？
モデル一〇　選挙の後は選挙の前

それぞれのテーマは、二時間程度で実施可能なものから六時間を要するとされるものまで様々であり、取り組み易さについても、テーマ三・四・七は低学年・低学力の生徒を対象にした比較的平易な内容なのに対し、他の七つは大学進学を目指す課程でも扱える高度なものとされている。教師は自らの授業計画にあわせて、教授資料集の一部を利用してもよいし、それが提案する授業モデルにならってもよい。当然のことながら、これらの配布物は、あくまでも教師のための参考資料であり、それに厳密に従う必要はない。

また、ジュニア選挙の授業を行うのは、いわゆる政治科に限られない。国語(ドイツ語)の時間に選挙演説の分析を行ったり、美術の時間に選挙ポスターの分析をするといった活動も十分可能である。

実際には、一つの学校・クラスがジュニア選挙に参加する場合には、特定の一教科ではなく、複数の教科の授業時間をそれに充てているケースが多い。クムルスの調査によれば、右の教材は、回答があった一六九件のうち、（低学年を中心とする）社会科の時間に使用されたケースが七〇・四％、（狭義の）政治科が三九・一％、歴史科が三六・一％、ドイツ語が二一・九％などとなっているほか、倫理科や美術でも利用されていた[54]。

他方、ヴォルフが筆者に語ったところでは、経験的に言って、投票前の学習は八時間が限度だという。それ以上になると生徒の関心が低下してしまい、逆効果とされるのである。ドイツの政治科や社会科あるいは歴史の授業は二時間（四五分×二）を続けて週に一度教える例が多いことから、ジュニア選挙の授業は事実上、投票前の一カ月間に最大四回に分けて行うことが期待されていると言ってよいだろう。仮に教授資料集が提供する授業モデルを実施するとすれば、扱うテーマは一つないし二つということになる。

このように、ジュニア選挙は、それだけで選挙について考えられる論点をすべて教えようとするものではない。この教育プログラムは自己完結的なものではなく、あくまでも学校の授業の一部として行われることを想定している。

さて、右の教授資料集は教師と生徒が使用しやすいように、ドイツの選挙制度の基礎知識に関するものから選挙予想や分析まで様々なテーマを取り上げているが、とくに目立つのは、マスメディアや情報といった観点が重視されていることである。また実際に、一〇のモデルのうち、モデル四「誰が首相になるのかはテレビが決める？」は長い時間を要するにもかかわらず、多数の学校で実践されたことが分かっている。

これには、二〇〇二年がドイツにおけるメディア選挙元年と呼ばれ、そうしたなかでマスメディアとりわけテレビが民主主義に対して持つ作用が厳しく問われていたという事情がある。教授資料集の作成に加わったベルリン自由大学のシャットシュナイダー(Jessica Schattschneider)によれば、今日、政治の争点を決めるのはまさにメディアであり、とくに青少年の場合には、選挙と政治に関する乏しい情報のほとんどすべてをテレビに負っているのが現実である。それゆえ教授資料集を編集する際には、マスメディアの役割についての理解を促すことが重要だという認識で一致していたという[55]。

二〇〇二年の教材集におけるマスメディアの取り上げ方は、基本的に本章で確認した政治科教科書における扱いに対応して、その負の政治的影響力に焦点を当てていると言ってよい。具体的には、モデル四は、最初に次のような教育目標を示している。

この単元の目標は、連邦議会選挙におけるテレビというメディアの役割を、それが政治に対して持つ可能性と危険性に関して分析・評価し、とくにテレビでのシュトイバーとシュレーダーの振る舞いを調査することである。生徒は、多くの市民にとって娯楽の道具であるテレビが、政治にとって最も重要な選挙に影響を与えていることについて考えなければならない[56]。

また、この授業モデルは、テレビはそもそも民主主義を無力化する危険があると述べる。それによれば、テレビはそのビジュアルな性格ゆえに、特定の人間に焦点をあてる傾向があり、その結果として、一人の人物に大きな決定権があるかのような錯覚を視聴者に与えやすいという。しかし、現実の政治は官僚機構内部や利害関係者間の対立と合意を通して進められるのであって、仮に首相であってもできることは限られている。テレビが生み出す過度な期待と、いつまで経っても変わらない現実とのあいだのギャップが、人びとの政治への不信を深刻化させ、民主主義を空洞化させる一因となっているというのである。

また、とくにテレビが提供する典型的な商品である政治トークショーについては、それはまさに大衆をターゲットにしたショーなのであり、それは内容を吟味するよりも成り行きを楽しむように演出されているという。その上で教材は、生徒に対して、実際に自分たちでトークショーのシナリオを書き、また演じてみること――ロールプレイ――で、マスメディアが政治を商品化することの問題性を理解するよう求めている。

そのほか当然のことながら、メディア選挙の時代においては政党によるメディア戦略こそが批判的な学習の対象とされなければならない。ジュニア選挙では、政党はマスメディアを選挙宣伝に利用しているると抽象的に教えるのではなく、社会民主党のシュレーダーとキリスト教社会同盟のシュトイバーはいま実際に選挙戦を戦うなかで、どのようなメディア戦略に基づいて行動しているのかを分析することになる。

なお、このように現実の選挙を教室に持ち込むことについては、まったく躊躇がない。政治的判断能力を養うために現実の政治を取り上げるのは自明のことであり、その点については、政治教育界はもちろん、広範な社会的コンセンサスが存在している。これは、ジュニア選挙が国家機関の支援を受け、また大統領経験者や連邦議会議長その他の有力政治家の支持を得ていることからも明らかである。

それどころか、授業中や休み時間に生徒が気軽に「僕はシュレーダーを支持する」「僕はシュトイバーの方が良いと思う」などと言いあうようになることが、政治への関心の高まりを示しているのであり、そのような状況こそが目標とされている。

もちろん教師も教材も、生徒を特定の政党支持へと誘導するようなことがあってはならないのは言うまでもない。そうなってしまえば、それは教育ではなく政治宣伝である。

この点で、教授資料集は非常に注意深く作られている。批判的でありながら中立的である。それは与野党を問わず、痛点を遠慮なく客観的に突いている。これまでジュニア選挙を実施してきた州が、保守・革新州のいずれにも偏ることなく、また基本的に全ての政党から支持されている点に、その中立的な批判性はよく現れている。

さて、二〇〇二年のジュニア選挙はドイツの全ての州から六万八〇〇〇人の生徒が参加し、大成功のうちに終わった。投票率は八五・六%で、低投票率が問題視される若年層(一九―二九歳)の七〇・三%はもちろん、有権者全体の七九・一%をも大きく上回った。突然の解散・総選挙で準備時間の不足が心配された二〇〇五年九月にも五万人以上が参加し、九〇・三%の投票率を残している。ヴォルフによれば、ジュニア選挙で投票率が八割を切ったことはない。

参加した生徒・教師の満足度もきわめて高く、二〇〇二年にクムルスのアンケートに答えた教員のうち九九・四%が、次の機会にもプログラムに参加したいと回答した[57]。

このようなジュニア選挙は、今日、ドイツの内外に急速に広まりつつある。二〇〇四年には、欧州議会選挙の際にオランダ、オーストリア、ポーランド、エストニアでも実施された。また同年、ブラ

図7　ナウマン氏（右奥）とポツダム大学の学生たち

ンデンブルクにおいて、旧東ドイツ地域の州議会選挙として初めて行われている。

そして当然のことながら、それぞれの選挙は制度や争点において異なっているのであり、授業で重要な位置を占める教授資料集は、その都度作成されなければならない。

ブランデンブルク州議会選挙の際にその教材集の作成にあたったのは、ポツダム大学経済社会科学部の政治教育学研究室に属するナウマン(Rose-marie Naumann)と彼女のゼミ生である。連邦議会選挙用の教授資料集を参考にしながら、二〇〇三年冬学期の半年間をかけて、彼らは教材作りに取り組んだ。

この過程でとくに意識されていたのは、州議会選挙は連邦議会選挙と違って、人びとの関心が低いということである。マスメディアでの取り上げ方も、比較にならないほど小さなものとなるのは最初から明らかだった。したがって、そのジュニア選挙に求められるのは、なによりもその選挙についての情報を与え、また生徒のあいだに自ら情報を捜す姿勢を形成することであった。

二〇〇四年三月に完成した教授指導集には、こうした問題意識が濃厚に現れている。そこではメディアの扱いは相対的に小さく、代わりにブランデンブルクの選挙制度についての情報が増やされ、また各政党の主張や候補者について自ら調べることが繰り返し促されている。

また、同州は東ドイツの歴史を負っている。社会主義時代のポツダム教育大学を卒業したナウマンは、ゼミの若い学生たちを前にして、このことを何度も強調した。以前の選挙と統一後の選挙の違いを教えることを通じて、歴史理解と結びついた政治教育を進めることが重要と考えた彼女が自ら作成した授業モデル「われわれが国民だ！　民主的な選挙を！」には、次のような課題が提示されている。

東ドイツにおける選挙と今日のブランデンブルクにおける選挙を比較しながら、それぞれにおいて人びとが選挙に参加することによって政策と候補者を決定できる可能性と限界を明らかにしなさい。[58]

この授業モデルによれば、生徒たちは用意された資料その他に基づき、それぞれの選挙制度の特徴をまとめて発表したあと、「ようやく民主的な選挙の権利を勝ち取ったにもかかわらず、今日、ブランデンブルクの人びとがその基本的な権利をあまり行使しようとしない理由はどこにあるのか」について、クラスで話し合うことになる。

このように、ジュニア選挙が政治教育プログラムとして優れている点の一つは、それぞれの選挙に合わせて、地元の研究者の手でその都度適切な教材を作成して実行できる点にある。政治の争点は地域によって多様であり、また同じ地域でも時間とともに変化していく。教科書では対応不可能な、こうした変化する論点こそが日々の主要な関心事なのであり、それをタイムリーに取り上げることにより、ジュニア選挙は現実の政治と学校教育とを結びつけることに貢献できるのである。

民主社会党	25.13%(1303票)	27.96%
社会民主党	19.83%(1028票)	31.91%
キリスト教民主同盟	13.75%（713票）	19.43%
ドイツ民族同盟	11.82%（613票）	6.08%
緑の党	10.99%（570票）	3.60%
自由民主党	5.50%（285票）	3.33%

なお、このブランデンブルクのジュニア選挙には州内の四九の学校から六二一二人の生徒が参加し、投票率は八六・三%であった。この四九校は、州の四四の全ての選挙区をカバーし、また有権者による選挙の投票率が五六・四一%だったことを考えると、今回の試みはひとまず成功だったと言えるだろう。

しかし、多数の生徒の参加は、ブランデンブルクが抱える問題点を正直に表すことにもなった。本物の選挙の投票が締め切られた九月一九日午後六時に発表されたジュニア選挙の結果は、上表の通りである(有効投票数五一八五。なお右欄は本当の選挙での各党の得票率)。

ここでは、何よりもドイツ民族同盟[59]への高い支持率が目につく。ジュニア選挙は、右翼急進主義がブランデンブルクの若者のあいだですでに相当の勢力となっている様子を明らかにした。今回の結果は、西ドイツの二大政党であり、ブランデンブルクで連立政府を形成する社会民主党とキリスト教民主同盟に対して、青少年は有権者以上に距離を置いており、そうした一部が右翼急進主義に共感を示しているものと解釈されよう。[60]ジュニア選挙は、現実の政治に対する関心と知識を向上させることにより、議会制民主主義の基礎を確かなものとすることを目指すものであり、今日、内外で高い評価を受けている。しかし当然のことながら、それは少なくとも短期的には右翼急進主義に対する特効薬とはならない。このことは、まさに西ドイツで発達した政治教育が、突然の統一、すなわち東部地域の民主化という課題から大きな挑戦を受けていることを意味している。

　経済的豊かさに裏付けられた民主主義のもとで制度的にも内容的にも高度に発展した政治教育と、つい最近まで社会主義に導かれ相対的に貧しい東部地域の社会の現実とのあいだには、深い溝が広がっているのである。統一ドイツは、この溝をどう克服しようとしているのであろうか。

図 8　ドイツ民族同盟(DVU)の選挙ポスター「もううんざり？　政治家に報いを.」「ハルツ第４法(労働市場・失業手当制度改革法)に抵抗せよ！」「ドイツの職場はまずドイツ人の手に！」

第3章 「社会主義愛国教育」の影

――旧東ドイツ地域の課題――

異なる政治文化

一九八九年の予期せぬベルリンの壁の開放のあと、世界は東ドイツ地域に、難民や外国人に対する暴力と、西側ではかろうじて押さえ込まれていた人種主義を見ることになった。

具体的には、たとえば一九九六年から九八年の三年間に、人口あたりの右翼急進主義を背景とする暴力事件の発生数で、東の新しい五州は、(ベルリンを除いて)西で最も多いハンブルクを大きく上回った。とりわけブランデンブルクとメクレンブルク・フォアポメルンは、最も少ないヘッセンの一〇倍以上を記録している。ハーバーマスの言葉を借りれば、東ドイツでは「国家社会主義の覆いのなかで、きわめて『ドイツ的』なメンタリティが西ドイツにおいてよりも保存状態がいい」[1]ということに

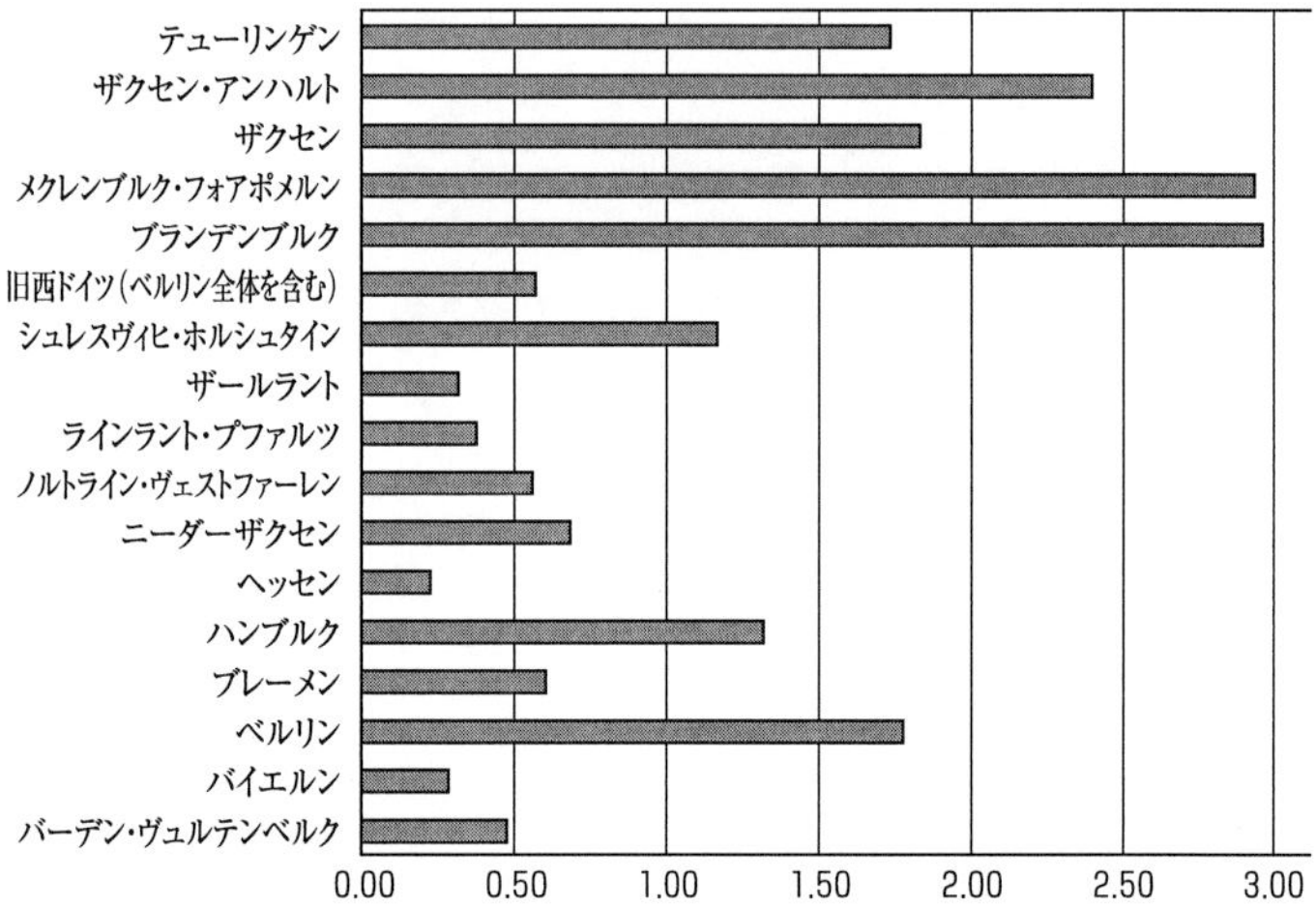

図 9　ドイツ各州における，右翼急進主義的背景が証明もしくは推定された暴力事件の数(人口 10 万人あたり，1996–98 年の累計)

出典) Wetzels, Peter, Ausländerfeindlichkeit und Ethnozentrismus bei Schülerinnen und Schülern, in: *Politisches Lernen*, Nr. 3–4, 2000, S. 52, Abb. 2.

なるだろう。

もちろんグラフが示すように、こうした問題が生じたのは東ドイツ地域だけではない。右翼急進主義は、統一により民族主義の高揚した西ドイツ地域にも広まる――あるいは息を吹き返す――ことになった。それゆえ、統一以来、右翼急進主義の拡大に対抗する政治教育はドイツ全土を視野に入れて推進されてきたが、やはり東部ドイツには西部とは異なる社会的条件が存在している。

統一後約一〇年の時点で、自らも東ドイツ出身の連邦議会議長ティアゼは、ブランデンブルクの州都ポツダムで開かれたドイツ政治教育協会の大会の場で、次のように述べた。

東部ドイツの多くの町で暴力的な右翼

> 急進主義者への不安が支配しています。彼らには政治教育と道徳教育が欠けています。右翼急進主義者は、民主的で寛容な市民社会において、確かにその周辺に位置していますが、それは周辺的なことがらと言えるでしょうか？……
>
> 寛容や民主主義、そして法治国家や市民社会についていくら語っても、私たちがそれを要求しないなら、それは空疎な言葉に終わってしまいます。たとえば校長先生が「右翼急進主義」や「右翼に対抗する市民的勇気」について、その学校の現実に基づいて開かれた議論をしようとしないなら、これらは単なるおしゃべりにすぎないのです。……
>
> 東ドイツ地域だけではないと言え、そこで広がる右翼急進主義や、民主主義的かつ社会的な法治国家への懐疑の高まり、さらに選挙における投票率の低下を考えると、これまでの政治教育が失敗だったのでは、という印象が強まります。……
>
> とくにグローバリゼーションにより将来の見通しが効かなくなる中で、政治教育への要求は大きく増大しています。……政治教育が目指すのは、成熟の促進と自立した行動です。つまり、まさにカントが主張した意味における啓蒙こそが課題なのです。[2]

さらに彼は、東ドイツ地域におけるある事件を紹介している。

それは、西部ドイツ地域の学校の生徒が、交流協定を結んだ東部ドイツ地域の学校を訪れ、両校の生徒たちが連れ立ってディスコに行ったときのことである。些細なことから口論になり、ある東の生徒が西の生徒の頭をビール瓶でなぐるという事件になってしまった。幸いにも怪我は大したことはな

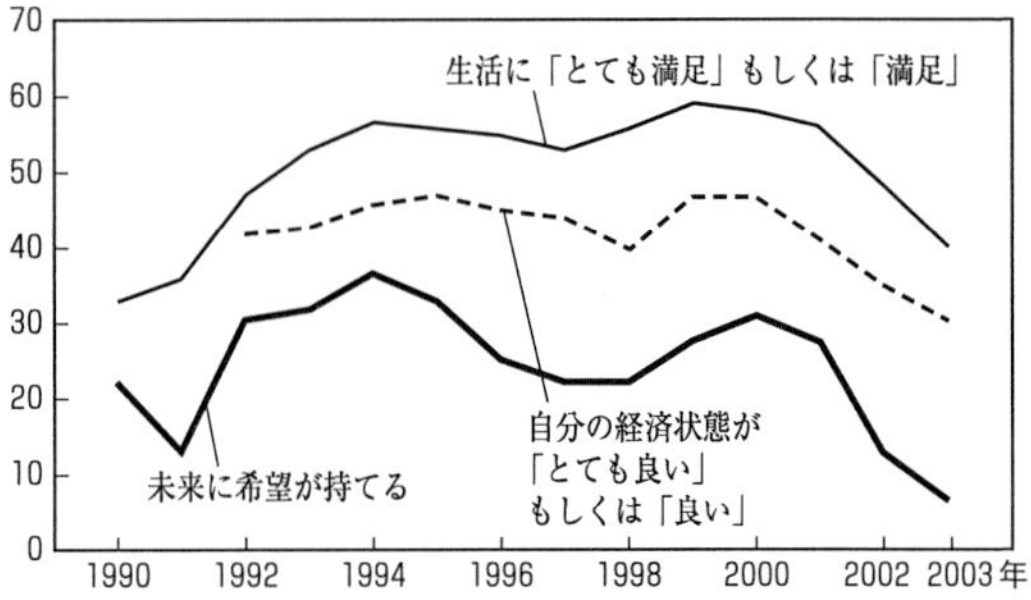

図10　東部ドイツにおける生活への満足度
出典）Winkler, Gunnar (Hg.), *Sozialreport*, Travo Verlag, Berlin, 2004, S. 26, Abb. 2. 3.

かったが、問題は、被害者とその保護者に対して、東の教師と生徒が、加害者を告訴しないよう求めたということである。「君たちはすぐに帰るからいいけど、そんなことをされたら、私たちがここで尻拭いをしなければならない。[3]」ティアゼが指摘するように、ここには法治国家への支持も信頼もない様子が現れていると言ってよいだろう。この学校の地元では、法よりも地域共同体の人間関係が重視されているのである。

他方、連邦共和国における東部ドイツの人びとの統合の達成度については、それを高く評価する意見も存在しないわけではない。モントリオール大学のマクフォールス(Laurence McFalls)は、統一直後の一九九〇年と九一年に自ら行ったインタヴュー調査に基づき、「東部ドイツの人びとは、西のメディアや研究者が撒き散らしているのとは違って、ノスタルジーに染まった不満屋ではなく、不正な社会主義体制からの革新にも不快感を持ってはいない」と結論する。[4] 彼によれば、東部ドイツの人びとは、むしろ一種のショック療法により、ごく短期間のうちに社会主義から資本主義への移行を達成し、ポスト産業社会における消費文化を身につけたとのことである。

しかし、彼自身も認めているように、このような主張をドイツの他の研究に見出すことは難しい。

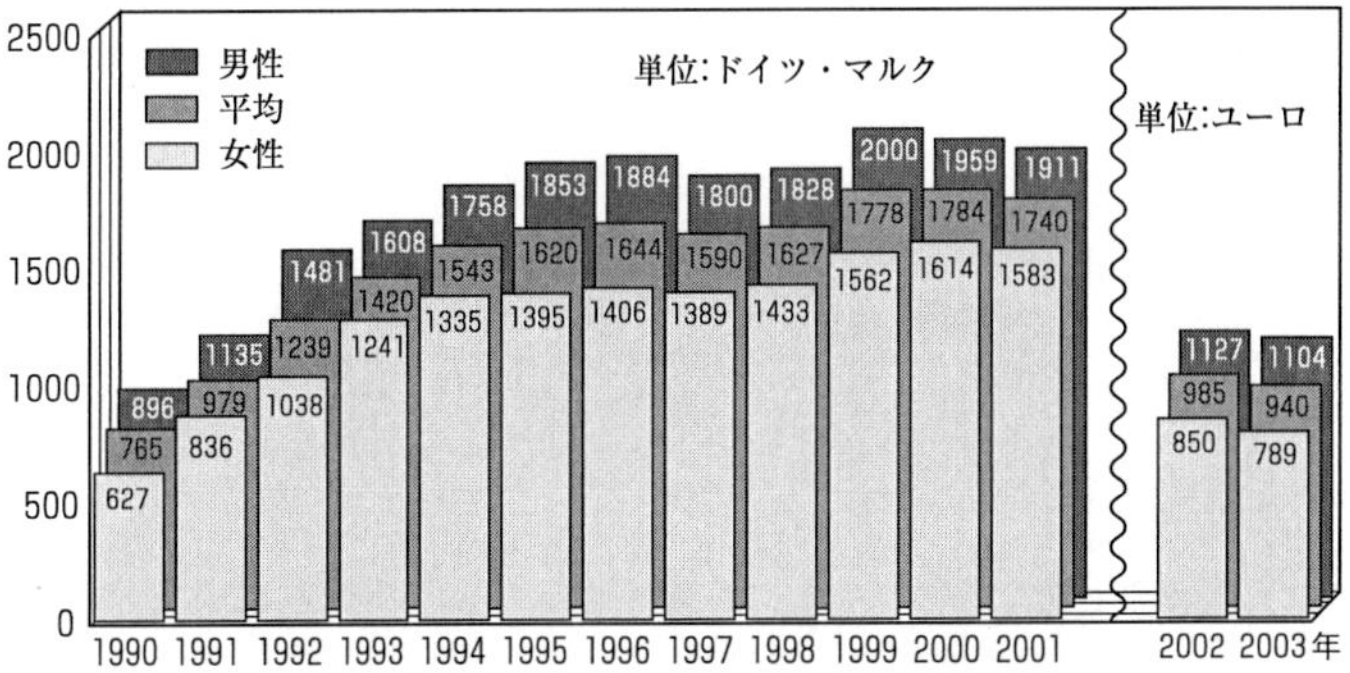

図11　東部ドイツにおける手取り月収の推移

出典）Winkler, Gunnar(Hg.), *Sozialreport*, Travo Verlag, Berlin, 2004, S. 204, Abb. 5. 4.

そもそも彼の結論は、統一後の多幸症が支配する例外的な一時期に焦点を当てた結果として得られたものである可能性が指摘できる。ベルリン・ブランデンブルク社会科学研究センターが一九九〇年から旧東ドイツ地域で毎年行っている世論調査によると、生活への満足度は一九九四年までは上昇しているものの、二〇〇〇年前後からむしろ下降に転じている。就業者の実質賃金もほぼ同じ頃あたまうちになり、さらに下降し始め、それに比例する形で、「将来に期待が持てない」という回答が増えている。

　また、仮にマクフォールスが言うように、東部ドイツの人びとが早々に西側の消費文化を身につけ、つまり経済的価値観における統合が達成されたとしても、それが連邦共和国の政治秩序への統合を意味していないということが、より深刻な問題として指摘されなければならない。

　図12が示すように、自分を連邦共和国の一員として感じる人びとの割合は一九九二年の六五％から二〇〇三年には三八％にまで低下している。他方、東部ドイツの一員と感じる割合も低下しているとはいえ、二〇〇三年の時点で七

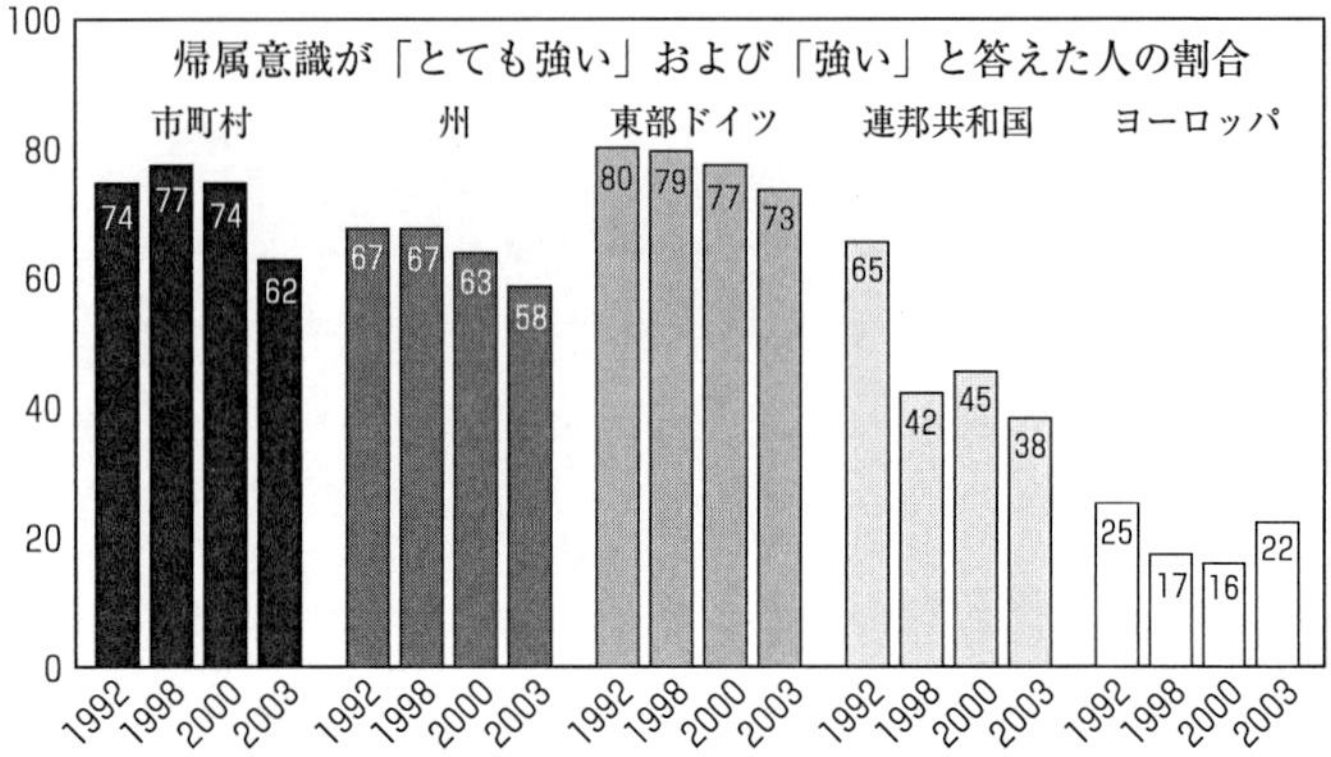

図 12　東部ドイツの人びとの帰属意識
出典）Winkler, Gunnar (Hg.), *Sozialreport*, Travo Verlag, Berlin, 2004, S. 24, Abb. 2. 1.

三%と、連邦共和国に対する割合の倍近くを維持している。統一の時点でまだ明確ではなかった東西間の経済的・社会的・文化的差異が、時間とともに明らかになり、むしろ固定してきたと考えてよいであろう。

当然のことながら、厳密には、このように東部ドイツ人としての意識が残存することが問題なのではない。問われるべきは、それが民主的な政治意識と行動につながっていない点である。

端的な例をあげれば、ティアゼが低投票率を嘆いた後に行われた二〇〇二年の連邦議会選挙において、西部地域の投票率が八〇・七%だったのに対し、東部地域は七二・九%と、一割ほど低かった。とくに三〇歳以下の有権者に限れば、東部での投票率は六二・八%という低投票率である（西部では七二・三%）。[5] こうした「西高東低」の傾向は、州議会選挙の投票率にも共通している。また二〇〇二年に一二歳から二五歳を対象に行われた世論調査では、ドイツの民主主義に「大いに満足」「まあ満足」と答えた割合は、西部では合わせて六四%だったのに対して、東部では三八％にとどまり、反対に不満が大きいという結果が表れている。[6]

もちろん、現状に満足することが必ずしも民主的な態度を示すわけではなく、他方、不満を持つことが非民主的なわけでもない。しかしながら、この調査は同時に、国家形態としての民主主義に対する評価においても、東西に差があることを示している。すなわち、西部においてはそれを「良い国家形態である」と捉える割合が七四％(「あまりよくない」が八％、「わからない」が一八％)なのに対し、東部では民主主義を肯定する声は五九％と少なく、反対に「あまりよくない」が西の倍以上の一七％、「わからない」も二三％に及んでいる。[7]

また二〇〇〇年に、ザクセン・アンハルト州政府の委託で、州内の中等教育段階の生徒一四〇〇人にアンケート調査を行ったハレ・ヴィッテンベルク大学のラインハルト(Sibylle Reinhardt)らによれば、「個人の利益よりも国民全体の利益が優先されるべきだ」という項目に七三・三％が、「野党の役割は政府を批判することではなく、その仕事を助けることである」という項目には六九・二％が賛成したという。[8]

生徒たちのあいだでは、明らかに対立や批判、個人の利益といった概念が否定的に見られている。これは、今日の東部地域が一九五〇年代の西ドイツと類似した状況にあり、つまりは戦前からの連続性が高い状況にあることを示していると言ってよいだろう。さらに当時、右翼急進主義政党が勢力を伸ばしていた同州では、自らを右翼と認識する生徒の方が、中道からその左に自己規定する生徒よりも政治への関心が高く、支持政党——つまり右翼急進主義政党——が明確だという結果も明らかになった。[9]

各種の選挙での投票率もあわせて考えるとき、東部ドイツにおいて、社会への不満が民主主義を深化させる方向に向かっていないのは明らかである。右翼勢力ばかりが民主主義の制度を利用することに比較的成功しているが、彼らが民主的なわけではない。西ドイツで成立・発展し、東部ドイツへの移植が試みられた議会制民主主義に対する現地の人びとの理解と支持は、微弱なものに留まっている。

また、右のような状況は、必ずしも経済的な停滞が顕著になる二〇〇〇年前後以降の現象と言うこともできない。一九九四年の時点でも、「生活領域のなかで大切なもの」として、六割以上が「仕事」や「社会保障」「住宅」「健康」などをあげたのに対して、「民主主義社会」をあげた割合は二割強、「複数政党制」をあげた割合に至っては一割ほどにとどまっていた。反対に、前者については一割が、後者については三割ほどが、むしろ大切ではないと答えている[10]。

このような状況は、東ドイツ末期の市民デモに見られる主張の変容を連想させずにはおかないだろう。

ライプツィヒで小規模なデモが始まり、やがて運動の政治的な核となる「新フォーラム」が形成されていくまで、彼らが主張していたのは、基本的に言論の自由の保障を中心とする政治の民主化であった。しかし、ベルリンの壁が開くと、移動の自由という念願の権利の一つを政府に認めさせたにもかかわらず、また、それにより改革の可能性が大きく開かれたにもかかわらず、大衆の要求は西ドイツとの統一、つまり豊かな生活の早急な実現へと変化していく。新フォーラムを中心とする初期の活動家の多くが、経済的なキャッチアップが多少遅れてでも、東ドイツを自らの手で民主化することを目指したのに対して、多くの国民は、民主主義よりも物質的に豊かな生活を選んだと言ってよいだろう。一九九〇年の選挙で新フォーラムの流れを汲む同盟九〇は国民の支持を得ることができなかった。
もちろん、こうした経緯には、連邦議会選挙を前に支持率が低下していた西ドイツの保守政権が、言わば統一によって東部の票を買おうとした面があることも否定できない。他方、民主主義という政治的価値よりも西ドイツ・マルクを欲した大半の人びとも、東ドイツの政治と社会が政治的自由を抑圧し、非民主的なものだったことは認識していると考えてよい。ただ、まさに革命までの東ドイツ時代におけるのと同じように、いまも彼らのあいだには積極的に参加することにより政治を変えようとする姿勢が乏しいと言わなければならない。

当然のことながら、同様の非政治的感覚は西部ドイツにも存在したし、いまも根強く残っている。また、戦後の西ドイツにおいては、民主化プロセスが経済発展と並行して長期にわたって進行したのに対し、今日の東部ドイツの民主化は経済的停滞のなかで急速に進められなければならない点で、不利な条件下にあることも間違いない。

それでも、今日の東部ドイツの状況は、東ドイツ時代から、さらには第三帝国の時代から、あまりにも変わっていないように、少なくとも西部の人間の目には映る。そして、こうした西部から東部へ向けられる批判的および軽蔑的な視線もまた、状況をいっそう複雑にすることになる。シュタージなどによる国家犯罪に多くの人びとが関わっていたことが次々と明らかにされていく過程で、東部ドイツの人びとが西に対する被害者意識を持つなか、西からの批判は、ますます受け入れ難いものとなっていった。先に紹介したマクフォールスの立論には、こうした悪循環を絶ちたいという願いを推測することもできよう。

東部の社会に対する分析において、マスメディアを中心にしばしば使われてきたのが「オスタルギー(Ostalgie)」という言葉である。ドイツ語の「東(Ost)」にノスタルジーにあたるドイツ語を組み合わせたこの言葉は、東ドイツへの郷愁を意味している。民主主義への(相対的な)無関心のほか、東ドイツを支えてきた社会主義統一党の後継政党である民主社会党[11]が東部で今なお相当の支持を得ていることは——右翼急進主義への高い支持とともに——西部ドイツの人間には納得のできないものであり、そうした現象がオスタルギーという言葉で一括されるのである。[12]

ポツダム大学のクローメ(Erhard Crome)とムスツィンスキ(Bernhard Muszynski)によれば、東部地域の状況は、東ドイツ時代に育まれたイデオロギーへの拒絶感が政治への倦怠となり、むしろ政治に関わらないことを美徳と受けとめる社会的雰囲気をもたらしているという。さらに、かつての社会主義のもとでは物質的な不足に基づく言わば「欠乏の連帯」が存在したのに対して、統一後にはそれが失われたために、かえって昔は調和的で公正な社会だったという東ドイツを美化する感覚につながっていると指摘される。そこでは「秩序があり、職場もじゅうぶんにあり、包括的な社会保障が完備し、社会主義陣営の中では経済競争力もあり、青少年に対する配慮にも高い優先順位が与えられていた」というのである。それに対して統一がもたらしたのは、西ドイツ人による土地の収奪、失業、そして公正な社会の破壊だったと受けとめられているという。[13]

彼らによれば、東部ドイツに欠けているのは、社会の失敗の原因についての確かな認識であり、自分たちについて語ることができるエリートである。オスタルギーという言葉に象徴される東西ドイツ地域間の不均衡な関係を是正するには、まず東部地域の人びとが自立性を回復することが重要だとされる。

統一後の状況については、東ドイツ時代だけでなく、第三帝国にまで遡って原因の説明を試みる例も存在する。マクデブルク大学のフリッチェ(K. Peter Fritzsche)らは、統一後に右翼急進主義に基づく外国人排斥の動きが高まった理由を、第三帝国から東ドイツへの移行において断絶がなかったこと、すなわち権威主義的パーソナリティの連続に見た。それが、統一がもたらした経済競争、政治的多元性、多文化状況を前に、とくにそこから起因するストレスによって「自由への恐怖」を生んでいるというのである[14]。

こうした理解の枠組みは、一般的なものと言ってよいだろう。保守系の政治教育機関であるアデナウアー財団のリュター(Günther Rüther)も、社会主義時代における日々の「適応への強制」のために、人びとが、意見の多元性を前提とした社会のなかで方向感覚を見失い、他方で節度のない言動に走っていると見る。その上で、東部ドイツにおいては独裁体制が、ナチスが政権に就いた一九三三年から六〇年近くにわたって続いてきたということを考えれば、時間をかけて民主的な思考と行動、つまり批判や妥協の能力を改めて訓練する必要があるという[15]。

そして実際に、統一直後に東部ドイツに西側の政治教育が導入されることになった。具体的には各州に州立政治教育センターが設立され、まもなく政治教育に従事する政党系の財団も活動を開始した。しかし、西ドイツで書かれた処方箋は、東部の環境では必ずしも即効性がないということが明らかになった。二一世紀初頭の状況は、まさにティアゼも指摘したように、こうした政治教育が未だ十分な成果をもたらしていないことを示している。

クローメらは、政治教育が期待された成果をあげていない理由について、予算の不足や、教員における人材不足、優れた教材の不足といった物質的条件整備の遅れのほか、そもそも政治教育を受ける東部ドイツの人びとに、(西部ドイツと比べて)その教育を受けることへの意欲が乏しく、また行政も市民の参加を促すよりも、むしろ余計なものと見る傾向があると指摘している。[16]

これは、深刻な問題と受けとめなければならないであろう。政治教育が育むべき政治的姿勢が、その教育活動を可能にする基礎として必要なのだとすれば、東部ドイツにおける政治教育の発展、つまり民主化は永遠に不可能とは言わないまでも、なお非常に長い時間を要することが予想される。

他方、多くの研究は、以上のような問題を指摘する一方で、東部地域にも、少しずつ政治教育の重要性を理解する人びとが現れつつあることを認め、そこに希望を託している。しかし、それが真実の希望の表明なのか、むしろ自らの悲観的な分析がさらに東部ドイツの人びとを政治から遠ざけることがないよう書き添えた一種の解毒剤にすぎないのかを判断するには、もう少しの時間が必要と言わなければならないであろう。

東ドイツ初期の教育政策

クローメらも述べるように、統一後の東部ドイツにおける民主化の遅れの原因の一つに、社会主義時代に肥大化した政治不信があるのは間違いない。それは、根本的には東ドイツの政治体制そのものに由来するものと考えられるが、それを放置してきた政治教育も、その責任を免れることはできないであろう。

本節では、今日の状況の歴史的背景を探るため、東ドイツの初期において政治教育が形成されていく過程に注目する。

第一章の「連合国による再教育政策」で確認したように、東部ドイツすなわちソ連軍の占領地域では、西側占領地域に比べて教育改革がスムーズに進展したと一般に考えられている。しかし、このことは、必ずしも東ドイツの出発点の時点から、いわゆる社会主義教育が効果的に行われていたことを意味するものではない。むしろ現実には、東ドイツの教育は、その国家の崩壊にいたるまで結局は機能しなかった、という理解さえ存在する。[17] 確かに、国家の崩壊そのものが、その教育、とりわけ政治教育の失敗を示唆しているであろう。

原因の一つは、戦後間もない時点に確認することができる。一九四六年の「ドイツ学校民主化法」が、こうした状況をよく表している。東ドイツに統一的な学校体系をもたらし、西側からも一定の評価を受けたこの法律は、決して社会主義的とは言えない。[18] そこで学校の目的と課題は、次のように記されている。

ドイツの民主的学校は、青少年を主体的に思考し責任ある行動をとれる人間に育てるべきである。彼らは、国民共同体に奉仕する能力と準備を持つべきである。文化の伝達者である学校は、青少年をナチズムと軍国主義から解き放ち、平和的で友好的な諸国民の共存と民主主義の精神において、真の人間性へと教育することを課題としている。[19]

この法律が意味するのは、東ドイツの教育界は少なくとも出発の時点で、社会主義の一枚岩ではなかった、つまり後に強化される社会主義教育を受け入れる基盤は必ずしも強固ではなかったということである。

教育政策に関する限り、最終的にはソ連軍政府が決定権を握ってはいたものの、その庇護のもとにある共産党の指導力は、当初限られていた。具体的には、後に国民教育省となるベルリンのドイツ国民教育行政庁や各州における教育行政のトップにこそ基本的に共産党員が就いていたが、教員はもちろん視学官や教育行政官僚のなかでは、社会民主党員がその数で共産党員を圧倒していた。

ところが、学校民主化法制定の直前に、労働者階級による政治権力の掌握を掲げる共産党が社会民主党とともに社会主義統一党を結成すると、新党では旧共産党員の発言力が強まっていく。そして積極的に教育の社会主義化あるいは共産主義化が進められ、ここから現実と政策の乖離が生じてくることになった。

なお、東ドイツ時代の教育学は、この点で一九四八／四九年に教育政策の転機を見ていた。それ以前は古い教育制度の克服が目指されており、そこでは政治イデオロギー教育が軽視されていたのに対して、一九四八／四九年以降、新たな国家建設のための教育に目が向けられるようになったというのである。[20] とくに、その後の施策の方針を決めたと言われる一九四九年の社会主義統一党の教育政策綱領には、次のように書かれている。

新しい民主的な学校は、政治的自覚を持ち、学問的な教育を受けた教員を要求する。それゆえ教員は、良質な普通教育のほかに、マルクス・レーニン主義についての客観的な知識と、それぞれ専門分野および教育学の基礎的な知識が求められる。……あらゆる教員はソ連の真実の友でなければならず、生徒とその親に対して、また社会において、ソ連との真の友好関係の発展に努めなければならない。[21]

マルクス・レーニン主義の知識と専門分野および教育学の知識は、それぞれ、政治イデオロギー教育と教育水準向上という二つの目標の実現のため、教員に欠かせないものとされた。そして、この綱領が公表された一カ月半後の一〇月七日にドイツ民主共和国(東ドイツ)が成立し、さらに愛国主義教育の徹底が求められることになる。

具体的には、一九五一年の社会主義統一党中央委員会の決議が「コスモポリタニズムや社会民主主義、その他の似非《えせ》学問的教育理論の教師への影響」を排除するよう求め、[22]さらに五六年の第五回教育者大会では、東ドイツの学校に対して愛国主義教育という課題が明確に与えられた。

愛国主義教育が、社会主義道徳への教育の核である。なぜなら社会主義愛国心が社会的に価値ある習慣を束ね、また要求するからである。[23]

このようにして五〇年代半ばまでに形成されたマルクス・レーニン主義に基づく政治教育の要求は、

時期により多少の変更は経ながらも原則的には国家崩壊直前まで維持された。一九八九年に刊行された教育科学アカデミーによる『ドイツ民主共和国の教育制度』には、次のように記されている。

> あらゆる教育施設の目標は、全ての国民の高度な教育であり、意識的に生活を形成し、自然を変え、人間らしい充実した生活を営む全面的かつ調和的に発達した社会主義的人間を育てることである。……全面的かつ調和のとれた人間の発達にとっては、科学的な世界像と高度な道徳性を育むことが基礎となる。……帝国主義の本質への洞察、そして平和と連帯のための世界規模での闘争の内容と形態についての知識が、社会主義的人間の特徴である。[24]

必ずしも民衆の支持を受けずに新しい政治秩序を樹立した東ドイツにおいて、その教育は、政治体制に適合的な「社会主義的人間」の創造を常に強調し続けざるを得なかった。社会主義統一党の内部で実権を握った旧共産党は、教育界においても少なくとも当初は少数派だったのであり、そのために強度な愛国主義によって政権を支えることが図られたと言ってよいだろう。

なお、東ドイツの教育が初期の穏健路線を離れ、急速に愛国心と教育水準の向上を目指すに至ったことについて、マクデブルク大学のマロツキ(Winfried Marotzki)らは、冷戦の影響と経済的困難という具体的な状況もその背景にあったと考えている。すなわち低迷する生産性を向上させるために、社会主義道徳——労働への愛——が求められ、また国家と党への忠誠心を確保する必要があったのである。

マロツキは、東ドイツの教育政策に以下の三つの特徴を見ている。[25] 第一に愛国心と伝統の強調。第二に画一化と反個人主義。第三に感情の重視である。

愛国心の強調については、すでに述べた通りである。そこでは国民意識を育成するため、子どもに「ドイツ民族の歴史的・文化的業績に対する健全な誇り」を持たせることが重視された。つまり「労働者と農民の国」である東ドイツは、ドイツの歴史における革命的伝統の到達点に位置するという一種の国家的神話の普及が目指されたのである。

このような民族主義・伝統主義的な教育政策は、自然主義的性格も帯びていた。そこでは、社会主義愛国心は自然な祖国愛に基づくとして、故郷の自然や風景、習慣への愛が東ドイツという国家への愛と結びつけられたのである。一九五六年には、愛国心教育の観点から、郷土科(Heimatkunde)が再導入された。

第二の画一化と反個人主義について、マロツキは、東ドイツには共同体という概念に対する批判が存在しなかったために、アルカイックな厳しさをもって絶対的な義務が主張されたと考えている。社会民主主義やその支持を受けた改革教育学が批判されたのも、個人に対する不信と無秩序への恐怖が存在したからであり、国民には人生を国家のもとに置き、全身全霊を社会的目標に捧げることが求められたという。

第三にマロツキが注目しているのは、愛や憎悪といった感情が重視されていた点である。すなわち東ドイツにおける愛国心教育は、祖国への愛だけでなく、それを危険にする者、また進歩の敵に対する憎悪を教えていた。東ドイツの社会主義は反ファシズムの上に立つ以上、人種的憎悪は否定されなければならないが、階級的憎悪はポジティブな憎悪の感情として、むしろ要求されていたのである。そして、このような感情の重視は、「知的な教育の強調が克服されなければならない」という指示によって裏打ちされていたという。

もっとも、東ドイツの教育政策に対する以上の理解は、ナチス教育論に対して西ドイツでなされてきた批判を下敷きにした面があろう。

そして当然のことながら、こうした捉え方とは異なる見解も存在する。フンボルト大学のクルヒャート(Gerhard Kluchert)は、東ドイツの教育政策が子どもの生活空間全体を統制しようとするものだったことを確認した上で、それでもナチスとは異質だと述べている。すなわち、いずれの体制においても画一化や反個人主義を進める上で有効な道具と考えられた青少年組織(ヒトラー・ユーゲント/自由ドイツ青年団)が、第三帝国においては学校よりも重視されたのに対して、東ドイツにおいては、むしろ学校の下にその一つの業務として位置づけられていたというのである。

そして、このような学校の重視は、授業を単なる知識の伝達の場とすることなく規範を有効に教えるよう要求し、また認識と行為を結びつけることのできるマルクス・レーニン主義に一層重要な意味を持たせることにつながったとされる[26]。それは、資本主義から社会主義への発展が科学的に証明された事実であると教えると同時に、だからこそ社会主義の発展に一人ひとりは寄与すべきだ、との結論を導くというのである。

このように、東ドイツの政治教育における感情と知性の位置づけについては評価が分かれるとはいうものの、反個人主義的で、その意味で反民主主義的な教育政策が存在していたことは確かである。

ではないかと推測される点にこそ認められる。

しかし、より深刻な問題は、政府が力を入れてきた政治教育も実際にはあまり機能していなかったのではないかと推測される点にこそ認められる。

社会主義愛国心の重要性については、一九四八年以降、とくに五〇年代に様々な決議や綱領で繰り返し強調されてきたが、このことは、それだけ教育の成果が為政者から見て満足できるものではなかったことを示唆していよう。先に触れた五一年の党中央委員会決議では、「若干の反動的な教員が今も公然とあるいは密かに学校の民主化を妨害して」[27]いると指摘され、また五三年の党政治局の決議でも、自由ドイツ青年団は「身体の強化が持つ政治的および道徳的意味を十分に理解してこなかった」[28]と批判されている。

戦後初期においては、教育政策が実現されない原因の一つが物資の不足に基づく学校の機能不全にあったことは間違いないが、当然のことながら、それだけではない。社会主義統一党は、全国の教育に対する実質的な影響力を樹立しようと、各学校における党組織の形成に努めてきたにもかかわらず、現実には、教員は学校単位よりも学校を超えて教員同士で連帯する傾向を示し、その組織化は容易に進まなかった。そもそも党関係者は学校の中では一般に「無能教師」と見られていたという[29]。ここには、第一章で触れたように、初等教員を中心として、かつてナチスに入党していた多くの教員が学校を追われ、代わって採用された「新教員」の能力に問題があったことも関係していよう。

他方、初等学校ほど教員の入れ換えが大きくなかった中等学校では、教員のあいだで社会主義統一党への反発が強く、一九四〇―五〇年代に多くの教員が西部に逃亡したと言われる[30]。もともと中等教育の教員には保守的傾向が強かったほか[31]、旧社会民主党の影響力も無視できないものがあった。後者は多くが戦前以来の伝統を持つ改革教育学を支持しており、ソビエト教育学・心理学に反発するなど、社会主義統一党の方針への協力には留保が伴いがちだった。

ソ連を模範として仰ぎつつ社会主義愛国心を中心としたイデオロギー教育を国家の統一的な教育の核とするという政策は、教育現場における思想的多様性と、人口の大量流失(「脚による投票」)に象徴される国民の政府に対する信任の不足を前に、少なくとも東ドイツ初期において空回りせざるを得なかった。そして実際には、事態が社会主義統一党にとって決定的に改善することは、最後の瞬間までなかったと考えられる。こうして四〇年にわたって、党の思惑とは異なり、社会主義的な政治教育は十分に機能しない状態が続くことになった。

一般的な政治不信のもとで、社会主義の偉大さを強調するばかりの政治教育は、批判的意見を封殺することにより、さらに政治的諦念を拡大していたと言ってよいであろう。ここに、東ドイツが今日に残した負の遺産の一つが確認できるのである。

社会主義教育の核としての公民科

東ドイツの学校における愛国主義的な政治教育の核をなしていたのが公民科(Staatsbürgerkunde)であることについては、異論の余地がないだろう。配当された授業時間数こそ少なかったが[32]、学校教育全体を支えるマルクス・レーニン主義を教える教科として、それは教育課程の中で特権的な地位を占めていた。一九六三年から八九年まで国民教育省の頂点に位置したホーネッカー(Margot Honecker)

は、ベルリンの壁が崩壊する直前の時点でも、第九回教育者大会の場で次のように述べていた。

公民科は、それが社会主義教育に対して持つ重要性のために、また私たちのイデオロギーを伝達するために、他で置き換えることのできない不可欠な教科です。[33]

本節と次節では、この公民科に注目することにより、東ドイツの政治教育の具体的な様相に迫りたい。

公民科という教科が正式に採用されるのは一九五七年のことだが、その前身である「現代科(Gegenwartskunde)」は五〇年の第三回社会主義統一党大会で必修教科とされており、さらにそれ以前から各地の学校で教えられていた。州により状況が異なったものの、それは戦後初期の時点では、非ナチ化のために授業が行われずにいた歴史科の代わりに、第二次世界大戦やニュルンベルク裁判、当時の難民問題、土地改革、復興事業、そして地方自治や政党、労働組合などについて教える授業として実施されていた。[34]

このように——系統的・学問的知識の伝達ではなく——文字通り現代社会をテーマに据える現代科は、本来、改革教育学の系譜にあったと考えられる。クルヒャートによれば、当初そこで生徒は同時代における実際の社会生活への参加を求められていたのであり、その教科は子どもの日常の生活と学校教育の統合を目的としていたという。[35] これは、当時の東ドイツの教育界の状況とも対応する理解と言ってよいだろう。

しかし現実には、「生活」という概念は単に生産といった経済的観点をもって置き換えられ、「参加」も生産プロセスへの奉仕を意味することになる。第一章で述べたように、初期の西ドイツにおいて、生活や経験といったキーワードが政治への無関心を助長し、社会的・文化的に保守主義を支援する方向で機能したのと同じように、それらの概念は、東ドイツにおいても権力への同調性を要求する手段とされたのである。

また、学校における元ナチ党員の教員の追放と「新教員」の採用も、現代科のイデオロギー的硬直化を促進したと考えられている。急いで採用された「新教員」には教育学的知識が欠けており、生徒の自由な学習活動を組織する技能を持たない場合がほとんどであったという。体制への忠誠心が高いだけの彼らによる授業は、授業と言うよりもアジテーションと呼ぶべきものだったと言われる[36]。

このような現代科の効果については、常に疑問が提起されていた。さらに、その時々の政策を生徒に伝える目的で数カ月ごとに授業テーマが発表されることは、計画的な授業運営を困難にし、そもそもこの教科には専門の教科教育学も教員養成コースも存在しなかった。

教育省が発表してきた教育課程そのものが、この教科に対する評価をよく表していると言うこともできる。一九五一年の教育課程が第五学年から第一二学年に毎週一時間を配当していたのに対して、五六年の教育課程では、現代科に対しては第七・八学年に一時間が配当されるだけとなっていた[37]。

こうした状況を打開するため、一九五七年に現代科は廃止され、代わりにイデオロギー教育を本格的に担う教科として公民科が設けられることになる。

また一九五九年には、それまでの歴史教育専門誌『学校における歴史』が『歴史教育と公民科』と改称され、公民科教育学の普及が目指されることになる。第二号に掲載された東ドイツ成立一〇周年を祝う形をとる巻頭論文には、次のように記されていた。

私たち教員は、この(東ドイツが一〇年のあいだに達成した——引用者注)成果に大きく貢献したと胸を張ることができます。……しかし、学校の革命的転換に取り組むにあたり、自己満足に浸っていてはなりません。……とくに公民科と歴史科の教員を助けるために、ドイツ民主共和国創設一〇周年の日に、社会主義統一党中央委員会政治局は一〇項目のテーゼを発表しました。それらは、マルクス・レーニン主義理論をどうすれば最もよく応用することができるかについて、社会主義統一党指導部が改めて明らかにしたもので、とくに現代史上の諸問題と公民科の授業にとって大きな意味を持っています。[38]

この文章は、『歴史教育と公民科』誌の基本姿勢と公民科教育学の性格をよく表している。この雑誌に見られる公民科教育学は、公民科教育がいかにあるべきかを問うことなく、つまり既存の政治と社会、そしてそれに対する教育の関わり方を批判的に検討する可能性を初めから排除した上で、社会主義統一党による指示をどうすれば授業でよりよく実現できるかという観点から教員に具体的なアドバイスを授けることを目的としていた。

事実、この月刊誌に掲載された論文のほぼ半分が各地の教員による優れた実践を紹介するものだった。また、主として研究者によって書かれた残りの半分においても、次々と発せられる指示の解説や、特定の単元をどう教えるべきかといった授業方法上の提案が中心である。

なおポツダム大学のベーアマン(Günter C. Behrmann)によれば、西ドイツでは、東ドイツの公民科は、その伝統的なスタイルの教科書のイメージもあり、東ドイツ全土において同一の内容を同じ方法を用いて教えられていたと考えられがちだったが、この認識は必ずしも正確ではないという。そこでは、教科書のほか、いわゆる古典や社会主義統一党の綱領、新聞記事、また時には文学テクストや映画、スライド、テレビなど多様な教材が使用されていた。[39]また一九七五年に行われた調査は、当時、公民科が、他の教科に比べて最もテレビ教材の利用率が高かったことを示している。[40]多様な教材のうち何を使うかは、教師に委ねられていた。

しかし、これは自由で活動的な教育が授業の大部分を占めていたことを意味するものではない。生徒にとって魅力的な教材が開発されたのは言わば学力向上のためであり、目標はあくまでもマルクス・レーニン主義の理解に置かれていた。そして、その理解の程度は、結局のところ、決められた質問に対して相応しい回答ができるか否かで捉えられた。そのため、教室には子どもの関心をひくという点では優れた教材や授業方法が導入されたにもかかわらず、本質的にはベーアマンも指摘するように、「多くの生徒にとって、それは国の政策上の主要な概念を繰り返す言葉の練習に過ぎなかった」[41]と考えられる。

映像に残された当時の公民科の授業を分析しているハンブルク大学のグラメス(Tilman Grammes)は、一九八九年初頭にベルリンのハインリヒ・ハイネ校で行われた授業(第七学年)で教師と生徒のあいだで交わされた会話を文字化している。

教　師　さあ、ここでちょっと、四〇年前に東ドイツが成立したときのことについて、簡単に振り返ってみましょう。そのときに決定的な役割を果たしたのは、誰ですか？　はい、ラース君。
ラース　労働者階級。
教　師　よろしい。労働者階級については、別の言い方もしますね。ラース君、覚えてますか？　先週この時間に勉強したはずですが。ではシュテファニー。
シュテファニー　先遣隊。
教　師　違います。先遣隊とは言いませんでした。労働者階級は先遣隊ではありません。他の呼び方をしたのですが。
シュテファニー　義勇軍？
教　師　違います。よく聞きなさいね。みんな、いい耳を持ってるんだから。いいですか、注意して聞きなさい。労働者階級は、他の呼び方でなんと言いますか？
シュテファニー　社会主義統一党？
教　師　労働者階級です！　なんと言いましたか？　覚えていませんか？
シュテファニー　指導的階級？
教　師　大きな声で！
シュテファニー　指導的階級。
教　師　文章にして答えなさい。

シュテファニー　労働者階級は指導的階級と呼ばれます。
教　師　よくできました……。[42]

この部分は前回の授業の復習であり、新しい内容を扱っているわけではないというものの、この教師には、労働者階級や指導的階級といった言葉が何を示すのか、それらはなぜ重要なのかを生徒に考えさせようとする意識が見られない。こうした一種の言葉遊びにすぎない授業は、当然のことながら生徒からはきわめて不人気だったと言われる。そして、だからこそ、優れた教材や教育方法の開発に力が入れられたのでもある。

公民科の効果については、東ドイツの研究者によって数多くの実証的な調査が行われていた。その結果は多様だが、七〇年代初頭にカール・マルクス・シュタット(現在のケムニッツ)で行われた調査は、同じ生徒でも年齢を重ねるにつれて「東ドイツの方が西ドイツよりも優れている」と考える割合が減少し、反対に「西ドイツの方が優れている」という回答が増えることを示している。[43]

一つの調査結果をもって、その教科の影響力の乏しさを結論することはできないが、様々な教育方法上の努力にもかかわらず、公民科が少なくともホーネッカーの期待に応えるものでなかったのは間違いない。一九八八年にライプツィヒ中央青少年研究所がまとめた未刊の報告書には、次のように記されていたという。

マルクス・レーニン主義は、今なお、個人の行動の規範として、また生活の哲学として、ほとんどど理解されてもいなければ受け入れられてもいない。確かに基礎的な言葉こそ知られており、その人道的な価値は承認されている。しかし、青少年は、そこに日々の社会で直面する問題や具体的な生活上の問いに対して、ほとんど具体的な解答を見出すことができていない[44]。

公民科の教育内容

現代科だけでなく公民科も、それが政権担当者の期待通りには政府への求心力を生み出さなかったと考えられるとはいえ、その意図を具体的に確認することは、東ドイツにおける政治教育の展開を把握する上で不可欠であろう。

公民科の教科書は一九六四年に初めて作成されたが、本節では、東ドイツ崩壊時に存在した制度が確立する六八年と、八八年の教科書をまず比較し、さらに同じく八〇年代末に西ドイツで刊行された西ドイツの政治科教科書と比較することで、その内容の特徴に迫ることとする。

一九六八年版も八八年版も、ともに公民科の授業が始まる第七学年用の教科書の最初には、「君と現代」という章が設けられている。両者は、当然のことながら東ドイツの業績を讃える点で一致しているが、論じ方には相違が見られる。たとえば六八年版の冒頭部は、次のように記述していた。

二〇世紀は偉大な社会主義の一〇月革命によって始まった根本的な社会変革の世紀です。……社会主義社会において人間は搾取と抑圧から解放されるのです。労働者が生産手段の所有者とな

図13 東ドイツの第７学年用公民科教科書（1988年）

ります。……そこでは共産主義者と労働者の党の指導のもと、すべての労働者は社会主義と共産主義の強化という目標のために働きます。詩人と哲学者たち（ドイツの文化的伝統を強調する際に用いる「詩人と哲学者の国」という表現に基づく言い方——引用者注）が数世紀にわたって夢見てきたこの目標が、世界の多くの部分で実現されています。これは、マルクス、エンゲルス、そしてレーニンが指し示した目標です。この道が人類の未来であることは、すでに証明されています。なぜなら、それが歴史の発展にかなっているからです。

わたしたちの社会主義の祖国であるドイツ民主共和国は、社会主義国からなる家族の一員です。この国では、社会主義は確実な勝利をおさめました。国民は、歴史の勝者の側に立っているのを誇りにすることができます。[45]

このあと教科書は、社会主義が歴史の勝者であることを、ロシア革命以来、社会主義国が世界各地に広がりつつある様子を示すことにより証明しようとしている。

一九六八年版の記述のなかでとくに目につくのは、「搾取」という言葉である。正味三ページほどのテクストに、この言葉は九回も登場する。同じ言葉の繰り返しという表現方法は記憶の定着を目指して意識的に採用されたものと推測されるが、とりわけ搾取という言葉が強調されているのは、この冒頭に置かれた章が、社会主義が資本主義と違って、いかに優れた社会制度であるのかを強調することを意図していたためと考えられる。

つまり教科書は、ドイツの文化的伝統と結びつけられた、歴史的な勝利が約束されている社会主義の国である東ドイツに暮らす生徒に対し、西ドイツと違って搾取のない社会に生まれたことを感謝し、安心して社会主義の一層の強化に努力するよう訴えているのである。

それに対して、一九八八年版の記述を特徴づける言葉は「平和」である。資本主義における搾取も語られてはいるが、少なくとも量的に多くはない。それに対して正味七ページほどのなかに一八回ほど登場する「平和」は、八〇年代に高まりを見せていた平和運動を政府の支持へと誘導する意図と、六八年のように(搾取のない)社会主義の世界史における勝利という主張が説得力を失いつつあったことを示唆しているだろう。教科書は次のように述べる。

社会主義国の国民であるということは、大きな幸せです。しかし、……世界じゅうの全てが社会主義なのではありません。相変わらず帝国主義が存在しています。

新聞を開けば、世界の帝国主義に支配された地域についての多くの記事を読むことができます。失業者が増大し、通貨の価値が失われ、貧しい諸国は、ますます見捨てられています。……とくに人類全体にとって危険なのが、アメリカにおける帝国主義勢力の攻撃的な姿勢です。彼らは、核兵器による先制攻撃の可能性を追求し、社会主義国に対する軍事的優位を築こうとしています。それは世界で最も高度な軍事力を背景としているのです。

東ドイツと他の社会主義国は、それに反対する政策をとっています。わたしたちは、攻撃的な帝国主義勢力にその路線を改めさせるため、世界規模での理性の同盟を築くよう努力してきました。

独占資本の代表者たちも、核戦争は人類全体の終わりを意味することをよく理解しています。核戦争の荒廃のなかでは、もはや勝者は存在しないことを彼らも知っています。だから彼らも、私たちの平和的共存への提案、そして社会主義と帝国主義の平和的な競争への提案に譲歩するのです。[46]

少なくとも、この文章からは、社会主義が資本主義に打ち勝つことは歴史的に証明されているといった強気の姿勢は感じられない。目指されているのは理性の同盟であり、平和的共存である。続くページの記述も注目に値しよう。

ある若者が言いました。「僕にとっては政治なんかどうでもいい！」……

「どうして君は政治に関心がないの？」

「じゃあ、どうして君は木々や草花に関心がないの？」……

よく考えてみてください！　確かに植物について知らないのも困ったものです。でも、政治について無関心というのは、それとは全く違います。……静かな夜を過ごせるのも、素敵な休暇にでかけられるのも、スポーツに熱中できるのも、平和があってこそです。これは政治の問題なのです。[47]

これは直接的には、公民科教育関係者のあいだに、この教科が生徒から好まれていないという認識が広まっていた様子を示すものだが、より大きく捉えるなら、社会主義統一党が国民の支持を得られずにいることに対する苦悩を表現していると言ってよいだろう。

この点に関連して、一九八八年の教科書では、冒頭に国章が掲げられていることも目を引く。愛国心の強調は東ドイツ建国以来のものであり、それは六八年版においても教科書の基調の一つをなしていたが、社会主義の勝利という楽観的展望が失われたときに、国家シンボルがそれまで以上に強調されることになったのである。

一九八八年版に見られる追い詰められた様子は、東西ドイツの社会を比較する章の記述からもうかがうことができる。当然のことながら、教科書は東ドイツを肯定的に、西ドイツを否定的に描いている。

ドイツ民主共和国は高度に発展した社会主義国です。その政策の全体が国民の福祉と平和に向けられています。

ドイツ連邦共和国は主要な帝国主義国の一つです。これは搾取階級の権力の道具として建国され

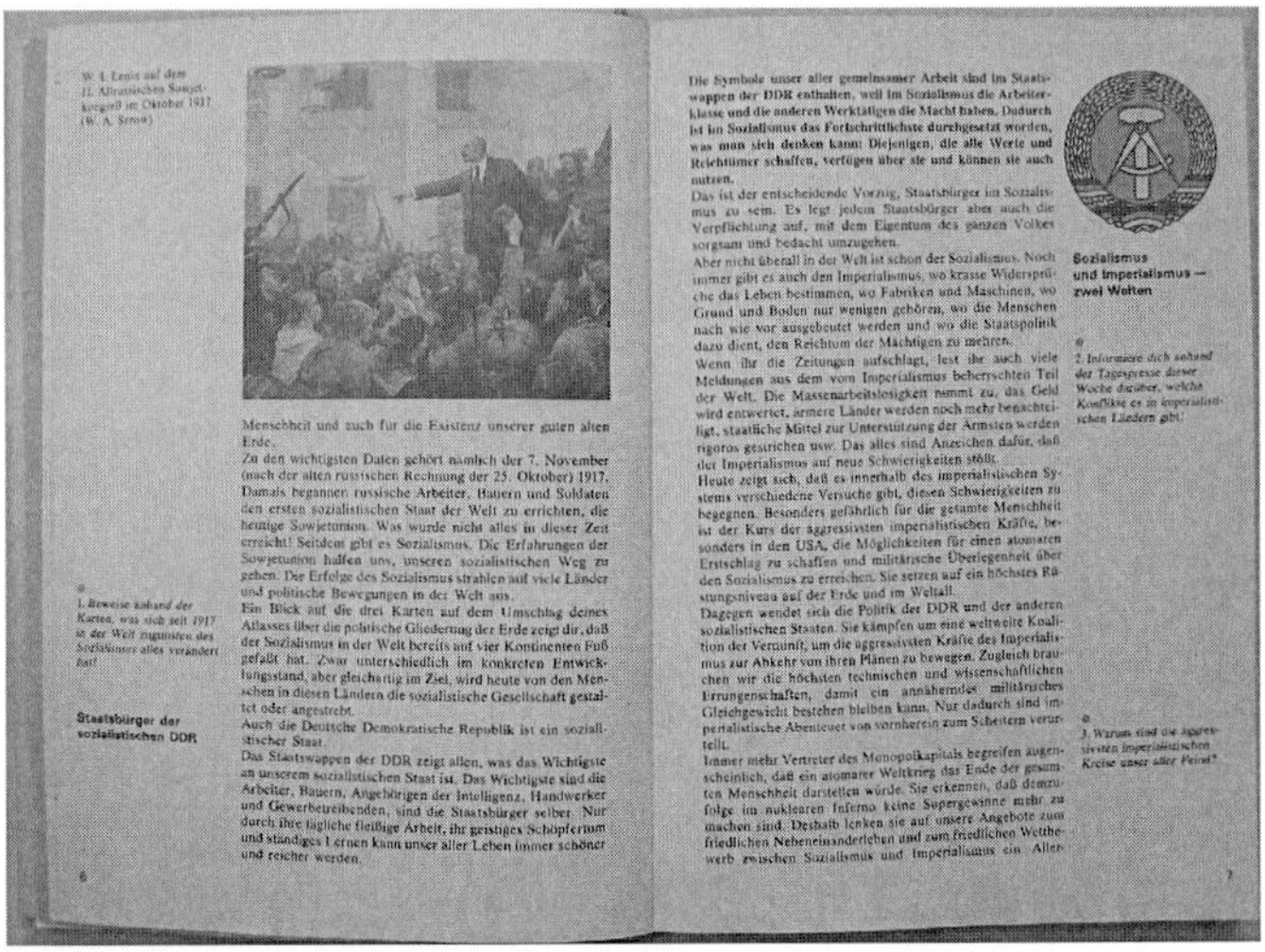

図 14　東ドイツの国章（右頁上）を掲げる公民科教科書（1988 年）

ました。この国は、いまでも帝国主義者に最大の利益をもたらすよう、労働者を抑圧することを第一の目標としています[48]。

しかし、一九八八年版によれば、こうした「主要な帝国主義国である西ドイツ」に対しても、東ドイツは「建国以来、平和的で良好な関係をもたらす政策を追求してきた[49]」のだという。また、攻撃的なＮＡＴＯに対して、ワルシャワ条約機構は、多くの平和イニシアチブを進めてきたとされる。

ここでは、二つのドイツを前提として、国際的な現状の維持を追求する姿勢が顕著である。一九六八年の教科書には、西ドイツの社会主義化（を通じたドイツ統一）という一種の使命感が読み取れたのに対し、そのような積極性は八八年版には認められない。

こうした変化の背景に、一九七一年のベルリン協定や翌七二年の基本条約(東西ドイツの関係の基礎に関する条約)があることは間違いない。六一年の壁の建設が東ドイツの存立を実質的に保証したとすれば、これらの条約は、二つのドイツの存在を法的に再確認するものであった。

とは言うものの、やはり八八年版は単なる両ドイツ関係の緩和と平和共存への意思を示しているだけではなく、相対的な弱体性の自覚を漂わせている。たとえば六八年版に見られた「東ドイツの労働者は他の社会主義国の諸国民とともに勝利の道を歩んでいます。他方、西部ドイツは正反対に衰退に向かっています[50]」といった威勢のよい表現は姿を消し、代わりに「国際市場で原材料の価格が上昇しています。攻撃的な帝国主義グループの軍拡によって、わたしたちも巨額な防衛予算を強いられています。……多くの社会政策上の達成物を守るためには、国民経済の競争力の強化が必要です[51]」というような防御的な姿勢、国民に厳しい生活を耐えるよう求める姿勢が目立っている。

教科書を見る限り、確かに自らを民主的で平和的な存在とする一方で、西ドイツを攻撃的な帝国主義国として描く姿勢は、公民科の成立から廃止まで一貫していたが、両者の関係をどう捉えるべきかについては、現実の状況に応じた変化を示している。むしろ、国際的・国内的な政治経済の現実を反映しながらも、教科書は辛うじて自国の正当化に努めてきたと言うべきであろう。

では、こうした東ドイツの教科書は、同時期における西ドイツの政治科教科書と比較するとき、どのような特徴を示しているであろうか。

ここでは、一九八七年に刊行されたミケル(Wolfgang W. Mickel)らの教科書『政治二』を取り上げることにする。その教科書は、まず西ドイツに存在する「なにもかも灰色の東ドイツ」という先入観を問題とし、東ドイツの人びとが自分たちの社会をどう捉えているのかという点から説き起こしていく。

そこでは東ドイツの公民科教科書(第七学年用)に見られる資本主義と社会主義を対比した説明が引用され、さらに東ドイツの辞典の記述を引きつつ、社会主義的な民主主義理解が次のように説明される。

民主主義：国家の形態。その内容は支配階層によって決定される。マルクス・レーニン主義においては、市民的民主主義と社会主義的民主主義とが区別される。市民的民主主義は資本主義的な生産手段の所有に基づいている。その政治形態は見かけ上、全ての市民に政治的平等と自由を保障する。しかし実際には、政治権力は支配的な資本家階級のものである(ブルジョワ独裁)。社会主義的民主主義は、労働者階級とそのマルクス・レーニン主義政党により指導される国民による政治権力の行使であり、プロレタリアート独裁をもって形式的な市民的民主主義を克服するものである。社会主義的民主主義の根本には民主集中制の原則がある。そこでは、すべての機関は下から上に民主的に選ばれ、反対に上の指導部による決定が下位の機関を拘束する。[52]

こうした東ドイツの視点を紹介した上で、教科書は、そこには権力分立が存在せず、有力な野党も見られず、選挙も西側の民主主義におけるのとは意味が異なることを指摘する。

経済的にも、計画経済の効率の悪さ、とりわけ西と比べたときの消費生活の水準の低さが言及されるが、他方で、実際の工場等の生産現場では、必ずしも上から降りてくる命令に従うだけでなく現場の意見が尊重されていること、また西ドイツ以上に女性の社会進出が進んでいることも、東ドイツの人びとの声を引用する形で紹介される。

ミケルは、東ドイツに対するステレオタイプと結びついた無関心の打破を目指していると言ってよいだろう。東ドイツ社会についての記述は、全体的に見て、西ドイツの人びとが東に対して持つ批判・疑問について、実際に東ドイツに暮らしている人はどのように答えるのかという視点を意識して構成されている。

たとえば、なぜ東ドイツの人びとは、自由な選挙が行われない状態に不満を持たず、社会主義統一党の指導に甘んじているのか、という疑問については、東ドイツの市民の手紙をもって、次のように答えている。

私が党に決定を委ねているとすれば、それは特定の人にではなく、私たちの民主主義的な組織に決定を任せているのです。党は、たとえば私がどこで最も必要とされているのかについて、私よりもよく知っているのですから。[53]

他方、このような言わば模範的な回答だけでなく、『政治二』は、東ドイツのディスコに行けば、そこでは西側の音楽が流れていること、そして実際には政府に批判的な人びとも大勢いることを紹介している。その教科書は、とりわけ東ドイツの人びとの言葉に耳を傾けることを通して、その本当の姿について知る重要性を訴えているのである。

こうした西ドイツの政治科教科書と比較するとき、東ドイツの公民科教科書の特徴は明らかである。それは自国の体制の正当化に熱心なあまり、相手側の社会について生徒に伝えようとする意識を欠いていた。

たしかに東ドイツの公民科教科書でも、西ドイツで共産党が禁止されたことなどは語られている。しかし、そこでは「帝国主義的指導者」と、反対に一部の反政府的(で平和主義的)な労働者を別にすれば、西ドイツの社会についての情報はないに等しい。また、西ドイツは資本主義の帝国主義国の一つとして位置づけられ、資本主義の非人道性と帝国主義の攻撃性は語られても、西ドイツそのものについての記述は少ないのである。NATO加入のような具体的な事実や、「社会主義を守るため」にベルリンの壁建設を余儀なくさせた西の「攻撃準備」といった主張も、東ドイツの行動を説明・正当化するために言及されているだけである。ミケルのように、対立するパートナーの内部に存在する体制支持の声を認めて、それに一定の紙面を割く余裕は、公民科にはなかった。

社会主義教育の核としての公民科は、政権交代の可能性を認めない東ドイツにおいて、社会主義統一党による体制の維持を目指したが、その姿勢は、西ドイツの繁栄といった不都合な事実の排除をもたらした。そして、このことは東西を問わずマスメディアが映し出す現実とのあいだに溝を作り出すことにより、むしろ体制への信頼を傷つけることになった。社会に実際に存在する意見の対立を事前に抑圧するという非政治的性格のために政治教育として失敗した公民科が何らかの効果を残したとすれば、それは、社会主義と結びつけられた愛国主義的な風潮に他ならないであろう。

ナチズムによって頂点を迎えたドイツの非民主的な文化的遺産を一掃して建設されたはずの東ドイツにおいて、公民科は国家に対する国民の帰依を要求し続けていた。西ドイツの初期において、アメリカが後援した生活経験主義が実際の政治への批判を閉ざしがちだったのに対し、東ドイツではソ連が命じた共産主義が、より露骨な形で同じ役割を果たしていたのである。

さて、この公民科は、東ドイツが消滅する以前に、壁に開いた穴を通って西側への大量の亡命者が発生した時点で授業不能に陥った。教室から次々と生徒が消え、さらには同僚の教師さえ消えていくなか、東ドイツの優越性を説くことのできなくなった公民科の教師は、ベルリンからの新たな指示を待ち続けたが、彼らが国民教育省から受け取ったのは、公民科の教育課程停止の通知(一一月六日)だった。ベーアマンの言葉を借りるなら、こうして「公民科は音もなく消えていき、後に残った大量の教材はゴミの回収コンテナに棄てられた[54]」のである。

政治教育の転換——LERの可能性

公民科は一九八九年秋には事実上消滅したが、それは、教師はもちろん子どもも親も政治教育が不要だと考えていたことを示すものではない。いかに空洞化していたとはいえ、一つの国家とともに社会秩序・規範が消滅したことは、むしろ政治教育に対する必要性とそれについての認識を高めていた。

事実、東ドイツの崩壊に並行して新しい政治教育の構想が練られ、東部ドイツが西ドイツに編入されると、再建された各州で、公民科がかつて占めていた位置に二つの新しい教科が置かれることになった。それは政治科と宗教である。

たとえば一九九一年六月にブランデンブルクで発表された前期中等教育段階における政治教育の暫定教育課程は、次のように宣言している。

所与の「真実」を教える教育に代わって、イデオロギー的教化を廃し、寛容、個人の尊重、責任意識、そして批判能力を育成する教育が開始されなければならない。そのためには、目標、内容、教育方法のいずれにおいても従来の公民科とは全く異なる新しい教科のなかで、政治教育の根本的な革新がなされる必要がある。この暫定教育課程は、民主主義的な政治教育の前提条件を形成し、政治に対する批判的‐反省的な取り組みを促すことを最大の課題としている。……政治教育は基本法の諸原則と普遍的な人権(国連人権規約)を志向し、啓蒙主義、労働運動、女性運動その他の解放的な運動とも結びついている。[55]

ここには、東ドイツの公民科から西ドイツの政治教育へと転轍しようとする姿勢が顕著に認められる。共産主義への教化に代わって求められるのは、啓蒙主義に基礎を置く政治的成熟だというのである。こうした基本姿勢は、この直後にいわゆるボイテルスバッハ・コンセンサスが授業の原則として引用されていることからも明らかである。

そして、およそ一〇年後の二〇〇二年八月に発表された教育課程は、さらに踏み込んだ目標設定を行っている。

そこでは、実際の政治の複雑さゆえに生じる政治的無関心や、政治的指導者と政治システムそのものに対する根拠のない非難、そしてその裏返しとして生じるポピュリズムを問題視したうえで、「アクティブな市民」の育成の重要性が強調されている。「自由と民主主義は、自明なものでも、常に確かなものでもない」のであり、民主主義の能力を持つ市民による積極的な参加を用意することが政治教育の課題なのだという[56]。

政治科に関する限り、このように西側の政治教育が導入され、それを東部地域の現状に適合した形へと微調整する試行錯誤が進められている。実際には、教員養成の遅れから、二〇〇四年の時点でも東部諸州では政治科の授業の約六割がその教科の教授資格を持たない教師——たいていは管理職——によって教えられており[57]、こうした授業の成果が出ないのも当然と言わなければならないのが現実だが、少なくとも何をなすべきかについては一定の共通理解が存在しているのである。

一方、宗教をめぐる状況は大きく異なっていた。それは、ドイツ統一が、東西ドイツの対等合併ではなく、東部地域の西への編入という形をとったことに由来する。西ドイツのボン基本法第七条第三項には、次のような規定が存在する。「宗教の授業は、非宗教学校を除く公立学校において正規教科である。」

この条文が、東部ドイツにおいて複雑な問題を提起することになった。

ボン基本法が認める宗教の特権的な地位は、ドイツの学校が歴史的に教会と密接な関係にあったことを示すものだが、実際には、西ドイツにおいても、すでに六〇年代後半には厳格な政教分離を求める声が高まっていた。宗派別に行われる宗教の授業を拒否する生徒が増加するなか、その代替教科として倫理科や哲学科といった教科が導入されてきたという経緯がある。
そして世俗化という点で、東ドイツの社会状況はさらに進んでいた。四〇年あまりの社会主義の経験は、特定の信仰を持つ人口を著しく減少させた。たとえば統一後の一九九六年の時点で、旧西ベルリン地域ではプロテスタントが全体の三六%、カトリックが一四%だったのに対し、旧東ベルリン地域ではプロテスタントは一二%、カトリックは四%にすぎなかった。[58]

このようなわずかな人びとのために、宗教を正規の授業科目として設け、他方で圧倒的多数が受講することが期待される非宗派的な教科を、西部の多くの州が行ってきたように代替教科として位置づけるのは、果たして妥当であろうか？ こうした疑問を東部ドイツの多くの人びとが持つなか、再建された五州のうち、教会を有力な支持母体とするキリスト教民主同盟が与党の四州は、それでも宗教を正規教科であると規定した。[59]

それに対して東部ドイツ地域で唯一、統一以来社会民主党が政権にあったブランデンブルクは、他の州とは違う可能性を追求することになる。旧東ベルリンと同様にほぼ八割の青少年が信仰を持たない同州において、州議会は宗教を正規の教科ではなく、申請して受講する自由な選択教科と位置づけ、同時に、宗教的および世界観の点で中立的な教科「生活形成・倫理・宗教科(Lebensgestaltung-Ethik-Religionskunde, LER)」を必修教科として導入した。

この新しい教科の特徴は、次の二点に認められる。

第一に、それは東ドイツの経験に基づく教科と言える。LERが初めて法律で教科として位置づけられたのは一九九六年のことだが(学校法第一一条)、その前史は統一前の八〇年代末における学校改革論議にまで遡ることができる。

その夜に壁が開くことになる一九八九年一一月九日、市民運動「教育民衆イニシアチブ（Volks-initiative Bildung）」の呼びかけに応じて、東ドイツの学校改革を求める各地の市民運動の代表者一〇〇〇人以上が、ベルリン・アレクサンダープラッツの会議場に集まり、ここで、すでに教育課程がその効力を停止していた公民科に代わる新教科の提案がなされた。彼らにとって重要だったのは、どうすれば生徒たちが有意義で責任感のある生活を形成することができ、その過程に学校が貢献できるかということであった。具体的には、様々な紛争の解決、友情と愛、親子関係、自己認識・自己変革、健康・病気・死のような青少年が日々の生活で経験する現実の問題を取り上げる教科が必要と考えられた[60]。

図15 アレクサンダープラッツの会議場（右手前）と「教師の家」（左）

こうした市民運動にはプロテスタントを中心とする教会の活動家も大勢参加していたが、彼らも学校における宗派的な宗教教育には懐疑的だった。当時のプロテスタント教会は、東部ドイツ地域の世俗化した社会を前提として、宗教的内容ではなく、むしろ倫理科の内容の教育を要求していた。

このような背景に基づき、ブランデンブルクでは一九九一年以来、東ドイツ時代には平和・人権活動家であると同時に教会の施設でカテキズムを教えてきたビアトラー(Marianne Birthler)教育相のもとで、宗教教育については信仰を前提としない新教科LERの準備が進められた。九二年から九五年にかけて州立教育研究所の監督のもと、中等教育段階の四四校で授業モデルの開発と実験が行われ[61]、その経験に基づき、九六年の正式な法制化を迎えたのだった。このように、LERは東部ドイツの人びとによる自らの改革への意思を具現化した教科であると言える。

この新教科の第二の特徴は、それが東部ドイツの歴史を反映するだけでなく、今日のドイツ全体の社会状況によりよく対応しようとするものである点に認められるだろう。

一九九六年の教育課程は、今日の青少年が生きる環境を、人間関係、マスメディア、経済関係、自然環境の四つの視点から把握している。すなわち教育課程によれば、LERを学ぶ今日の青少年は、家族のあり方を含む変容する社会において、マスメディアによって加工された情報を大量に受け取りつつ、市場経済が富と力を人生の成功と見る風潮を助長するなか、自然環境を破壊しながら消費生活をおくる大人に囲まれて暮らしているという[62]。こうした状況は、必ずしもブランデンブルクにのみ該当するわけではない。青少年の政治的成長は、ドイツ全土において同様の環境のもとで進行している。また、東部ほどではないとはいうものの、西部ドイツにおいても若者を中心に教会離れは顕著であり、さらに宗教の多様化という点では、外国人が多く住む西部の方がむしろ進んでいるのが現実である。

LERは、このようなブランデンブルクを越えた全ドイツ的な社会状況を前提に、そこで青少年が意義のある生活を形成するための手助けをすると同時に、文化的・宗教的に異なる人びとからなる社会の統合を目指すものとされている。牧師でもある社会民主党の州議会議員クーナート(Andreas Kuhnert)は、この教科を必修とし、原則として全ての生徒に受講させることの意義を、次のように強調する。

私たちは多元的な社会に生きています。そこでは価値観や人生観が家庭ごとに大きく異なります。互いに寛容を学ぶ場所として、学校以上に良いところが他にあるでしょうか? 現実の生活でキリスト教徒と非キリスト教徒が一緒に暮らすためには、こうした練習が不可欠です。LERの授業では、異なる人生観が互いに語り合われます。……宗教や世界観において異なる全ての青少年が、対話を通して新しい経験をし、視界を広げる機会を得るのです。現代社会が必要とする寛容を学ぶのです。[63]

彼の考え方によれば、多宗教化という現実のなかで、従来の宗教教育はもはや社会の統合機能を持ち得ないのであり、それは地域の教会において私的なものとして行われるべきだということになる。また、社会民主党を中心とするLERの支持者の目には、人間が日々の生活の中で直面する諸問題に対する宗派的な宗教教育の対応は、正しい答えや考え方が事前に用意されているという点で、むしろ社会主義時代の公民科に似ていると映る。政治教育の原則であるボイテルスバッハ・コンセンサスが、特定の意見に基づく教化を禁止し、多元性を前提に社会を捉える以上、宗教の教育も、教義に基づく正解を唯一の可能性とせず、複数の正解の存在を前提とした寛容な社会の創造に貢献することが求められることになる[64]。

こうした認識に基づき、LERの教育課程は、いま学校教育に求められるのは、個人としての人間について、社会(家族や友情や愛)について、権力(暴力やマスメディアによる操作)について、充実した人生について、信仰や世界観や文化について、そして自然環境を含む世界について、様々な宗教宗派の人びとのあいだの対話、そして信仰を持たない人との対話の場を提供することであるとしている[65]。

統一ドイツのなかのLER

LERは、その支持者にとっては、旧東ドイツにおける民主化運動のシンボルとしての価値を持つと同時に、現代社会に対する現実的対応を目指すものである。

しかし、教会関係者の受けとめ方は違った。様々な宗教について教えはするものの、特定の信仰と結びつかないLERを必修教科として設置するのは基本法違反だというのである。

少なくとも当初、東部ドイツで一定の信徒を持つプロテスタント教会は、正規の教科としての宗教の導入に懐疑的だったことから、こうした姿勢の変化の背後に、東の教会が西の教会に吸収されたという事情があるのは明らかである。それでもプロテスタント教会は、常に強硬な反対姿勢を示してきたカトリック教会とは異なり、ブランデンブルク州政府と一定の妥協をし、一九九二年からはLERの実験・開発にも参加してきており、また、その実績を認めてもきた[66]。

しかし、その協力も一九九五年に打ち切られることになる。そして九六年の学校法で最終的に宗教が正規の教科として設けられないことが明らかになると、プロテスタント教会も、カトリック教会やキリスト教民主同盟などとともにブランデンブルク州を基本法違反で憲法裁判所に提訴した。

教会側の主張は、基本法によって、親は子どもに正規の教科としての宗教の授業を受けさせる権利が保障されており、その権利をブランデンブルクの学校法は侵害しているというものである。さらに法廷の場で教会側は、LERの持つ「反宗教的性格」はナチス時代の学校を連想させるとも主張したという。[67]

彼らから見て最も望ましいのは、西部の州と同じように、宗派別の宗教の授業を正規の教科とし、それを受けない者のために代替教科として倫理科を設けるというモデルであり、妥協点としては、ザクセン・アンハルトなどで採用された、宗教と倫理科をともに正規教科として認めた上で選択制とするというモデルが考えられていた。[68]

それに対してブランデンブルク州政府は、教育的観点からは、このようなモデルは、いずれも宗派によって、あるいは信仰の有無によって生徒を分断し、対話を通じた相互理解の機会を奪うものであるとして反対し、また法律的観点からは、基本法第一四一条、いわゆるブレーメン条項にもとづき、学校法は合憲であると主張した。

ブレーメン条項によれば、基本法第七条三項一文は、一九四九年一月一日において別の州法上の規定が存在した州には該当しない。これは実際に、ブレーメンと(西)ベルリンに適用されてきた。二つの都市に、正規の教科としての宗教は存在しない。そしてブランデンブルクに関しては、ドイツが東西に分離独立する前の一九四七年二月六日の州憲法に、宗教教育に関する規定が存在していた。それゆえ基本法第七条三項の要求を同州は免除され、正規の教科として宗教を設ける義務は存在しない、というのが州政府の主張である。

二〇〇一年一二月一一日に連邦憲法裁判所の八人の裁判官が示した結論は、両者は和解すべしというものであった。具体的には、ブランデンブルク州学校教育法のうち、ＬＥＲの性格を定めた部分については変更を加えることなく、また宗教の授業に対しても、それに正規の教科としての位置を与えることなく、州側がその地位および支援を若干向上させることで原告が提訴を取り下げるよう提案され、この勧告は両者により受け入れられることになった。[69]

すでに一九九八年には、バーデン・ヴュルテンベルクの措置をめぐる行政訴訟において、倫理科を必修教科として設置することが合憲と判断されており、ＬＥＲそのものには違憲性はないものと考えられていた。[70]

問題は、正規の教科として宗教を設けないことの妥当性、つまりブランデンブルクにブレーメン条項が適用されるか否かであったが、二〇〇一年の夏の時点で八人の裁判官の意見は四対四に分かれていた。これは違憲判決にいたらない以上、州政府側の勝訴を意味するが、[71]教会および一九九九年以来、州内で連立しているキリスト教民主同盟との関係を考慮し、社会民主党主導の州政府は妥協を受け入れたのである。

現実には、このようにして法律的な問題に決着がつく以前に、ＬＥＲは学校教育における位置を確かなものにしつつあった。一九九六年に開始された時点では、ブランデンブルク全体でそれを受講する生徒は一万二〇〇〇人あまりにすぎず、受講率は全体の一割以下だったのに対し、二〇〇〇年には五倍以上に増加している。[72] これはLERの教授資格を持つ教員の増加に対応しており、当初深刻だった教員の不足が、着実に改善されてきたことを示している。計画どおりに進めば、二〇〇六年までに州内の全ての前期中等教育施設で、LERの授業が完全実施されることになる。

ブランデンブルク教育省は授業の質を確保するため、一九九二年以来の実験段階から州立教育研究所と協力して教員養成に努めてきたが、それが本格化するのは、やはり九六年のことである。この年から、毎年六〇〇人の教員を対象に、ポツダム大学での二年間(計九〇〇時間の授業からなる)の特別プログラムが実施されてきた。

この教師教育のシステム作りを進めてきた一人であるクリーゼル(Peter Kriesel)によれば、LERの教授資格を取得しようと応募してくる教員には、かつてのロシア語の教員が目立つという。[73] ドイツでは教授資格を二教科において持つのが普通だが、統一後、ロシア語の授業が大幅に減少し、彼らは事実上、もう一つの教科――多くはドイツ語――の教授資格しか持たない「一教科教員」になってしまったため、LERの教授資格を取得することで職場の確保を期待する例が多いのだということである。

他方、かつての公民科の教員については、彼らを採用することはLERの信頼性を失わせる危険があることを理由に、原則として受講が認められていない。

こうした受講者の傾向に基づき、その特別コースでは、社会科学、哲学/倫理学、宗教学など、LERを教える上で必要な基礎的学問を広く学び直すことが要求されるほか、教育学、つまりLERの教授法の習得に力が入れられている。[74] 東ドイツ時代に養成された教員は、一般に、正解が存在しない問いを授業で扱うのが不得手と言われている。

またクリーゼルの理解では、ポツダム大学の特別プログラムはドイツで最も先進的なものである。つまり倫理科を中心とする宗教の代替教科については、西部を含む多くの州でその教科の教授資格を持たない教員によって教えられているのが普通であり、そこには、代替教科であるがゆえに教員養成コースが不備なことが関係しているという。ここに、ブランデンブルクがLERを正規の教科としたことの一つの意味がある。

また、ポツダム大学の特別コースは、他の州の大学にわずかに存在する倫理科等の教員養成コースに比べて授業時間数が多く、社会科学、哲学／倫理学、宗教学、教授法の四分野のバランスが良い点に特徴があるという。[75] 多くの大学で、既存の大学スタッフの層の厚さの点から、どうしても哲学／倫理学の割合が高くなりがちなのに対し、ポツダムではLERの理念を明確にした上で教員養成コースを設計したからこそ、バランスのとれたカリキュラムが実現したというのである。

このようなLERはブランデンブルクを越えて、今日、他の州にも影響を及ぼしつつある。すでに述べたように、LERは、宗教的・文化的多元化と右翼急進主義に代表される原理主義の拡大が同時に進行する状況に対応しようとする教育的試みの一つであり、それが求められるのはブランデンブルクに限らない。

こうした社会状況を背景として、全国倫理科教員協会は二〇〇三年四月に「エアフルト宣言」を発表した。LERに続く形で、他州の倫理系教科についても、それを正規の教科とするよう求めるその宣言には、次のように記されている。

> 学問においても政治においても、経済においても社会においても、倫理の問題が重要性を増している。世界観や道徳において多元的かつ動的な社会においては、一般的に受け入れられる倫理的態度が、常に新たに追求されなければならない。そして学校は、多様な世界観や文化を持つ青少年を統合するという課題を負っている。……倫理科やＬＥＲのような教科の授業は、いますぐ必要な生徒の倫理的、哲学的、文化的な能力を発展させるのに最も相応しい場所である。……啓蒙主義の哲学がヨーロッパにおいて信仰の自由と宗教・文化間の寛容を可能にした。倫理系教科は、寛容の姿勢のほか、社会科学や宗教学の基礎的な知識を伝え、様々な文化の理解と移民の子どもの統合、そして異文化間の対話を促進しなければならない[76]。

この宣言は、ＬＥＲが各州の倫理系教科が目指すべき一つの目標として理解されていることを示していると見てよいだろう。

今日の世界において宗教が示す限界と、その裏面としての倫理系教科の重要性は、ドイツの教育研究者によって以前から広く認識されてきたが[77]、とくにＬＥＲ導入の可能性が現実味を帯びて語られるのはベルリンである。そこには正規教科としての宗教の授業が存在しないという意味で状況が似ていることはもちろん、ブランデンブルクとの地理的関係ゆえに合併が検討されており、それに合わせた教育制度の統一が話題にのぼるという背景がある。

さらにドイツで最も強くグローバリゼーションの影響を受ける地域の一つである首都ベルリンは、文化的・宗教的に見て、すでに西洋と東洋、伝統的、近代的、そしてポストモダンな思想が混在する高度に多元的な社会なのであり、ＬＥＲが持つ社会統合のコンセプトを必要としていると言ってよいだろう。

宗教教育については、二〇〇二年の時点で、プロテスタント、カトリック、ユダヤ教のほか、イスラム‐スンニ派、イスラム‐アラウィ派、ギリシア正教、仏教の授業が公費の補助のもとに行われており、全体の生徒に占める受講生の割合はプロテスタントが二三・七七％、カトリックが四・五三％、イスラム教が〇・四一％である。それに加えて非宗教的な世界観共同体の思想に基づき、教科としての宗教と同じ地位を持つ「人文主義生活科(Humanistische Lebenskunde)」の受講者が全体の八・八六％を占めている。

しかし、こうした授業を受講する者は全てあわせても少数派であり、いずれも受講していない者が六二・四三％にのぼる。[78] これは、もともと信仰を持たない人口が五八・二七％を占めるベルリンでは当然の結果である。

このような現状を前に、プロテスタントとカトリック教会、さらにキリスト教民主同盟は――さらに自由民主党と一部の社会民主党員も――、ブレーメン条項を活用せず、基本法七条に基づく正規教科としての宗教を導入する一方、そこに参加しない生徒のために倫理／哲学科を用意するという方向を示し、それに対して社会民主党(の多数派)と緑の党、そして社会主義統一党を継いだ民主社会党は、非宗派的に宗教や文化・哲学について教える教科を全ての生徒に必修化し、宗教は従来どおりに希望者のみの選択制とすることを主張している。そして、この後者の文脈の中でＬＥＲに注目が集まるのである。現実的に考えても、宗教の授業は公費の補助で行われる以上、どの宗教団体に助成を行うかという判断の問題が常に発生し、キリスト教教会の案では国家の中立性が損なわれる可能性を排除できないということになる。

これらの改革案が示すのは、右のような現状に対し、保守側は信仰が社会の基礎であるとの前提の上で、特定の信仰を持たない、つまり宗教の授業に参加しない生徒には倫理教育を施すことが必要だと考えるのに対して、革新の側は、それよりも信仰の有無と宗教宗派の差異により社会が分断されていることを問題視し、宗教や文化を超える対話を通じた公共空間を形成することが民主主義にとって不可欠だと考えているということである。これは、多元的な社会における個人の発達にとって、帰属集団の文化・宗教に基づく世界観・価値観を堅固なものとすることが優先されるのか、それとも、対話と寛容の精神を通じて文化的・宗教的差異を超える共通の価値を獲得することが大切と考えるのかの違いと言ってよいだろう。

ＬＥＲは本来、東部ドイツにおける社会状況を前提に形成された教科だが、今日では、ベルリンを中心として他の諸州の注目を集めている。ドイツ統一から本質的な社会変革の動機を得られなかった西部諸州と異なり、ブランデンブルクの人びとが今日の社会の現実を正視した結果であるところのＬＥＲは、翻って、西部の人びとにも自らを再考する契機を与えているのである。

本章の冒頭に掲げたように、ハーバーマスによれば、少なくとも統一直後の時点で、東部ドイツ地域の方が西部よりも古いドイツ的なメンタリティに、より深く刻印されていた。

この認識は、基本的に正しいものと思われる。しかし、他方で見過ごしてならないのは、体制崩壊に至る過程の出発点には東ドイツ国内の民主化運動が位置していたのであり、彼らは民主的な社会についての一定のイメージを持っていたということである。このようなイニシアチブは微弱ではあったが、存在しなかったわけではない。

統一後に西部からやってきた新しい権力者は、自らの制度の紹介・移植に熱心なあまり、東部で形成されてきたビジョンを十分には支援できなかった。このことが東部ドイツの人びとの民主主義への参加意欲を削いだ面があるのは否定できないだろう。そして、統一から一〇年あまりが経過した時点で、西部の保守派からの圧力に耐えたブランデンブルクの例が、ようやく今度は西部のとくに革新派に向けて語り始めたのである。

二〇世紀終盤における東ドイツの消滅は、一九六〇年代後半の西ドイツで生じたプロセスが、二〇年あまり遅れて、より先鋭的な形で発生したものと見ることもできるだろう。東部地域の人びとが直面する課題を、西部ドイツの人びとが過去の論点と見るのか、それとも未解決のテーマと捉え、自らの問題として取り組みを再開するのか？　これは東部、西部のいずれか一方にとってではなく、統一ドイツの民主主義にとっての一つの跳躍台であると考えられる。

第４章
政治教育としての歴史教育
——歴史認識の「壁」を越える試み——

右翼急進主義と歴史認識

二〇〇一年一月と三月、ドイツ連邦政府、そして連邦議会と連邦参議院の両議会は基本法第二一条第二項に基づき[1]、それぞれドイツ国家民主党(Nationaldemokratische Partei Deutschlands, NPD)の禁止を連邦憲法裁判所に請求した。

連邦政府が提出した文書には、次のように記されている。

> 近年、右翼急進主義の活動が飛躍的に拡大している。……ドイツ国家民主党は、ここで大きな意味を持っている。同党は、暴力的な青少年のあいだで支持者を増やすことに成功し、社会的な抗

議を民主主義と法治国家に敵対する方向に向かわせ、ナチズムに近い反ユダヤ主義的・人種主義的な主張と憲法違反の全体主義的国家・社会秩序を広めている。さらに同党は、その政党組織を議会制民主主義の破壊のために利用しようとしている。[2]

結局この禁止請求は、二〇〇三年三月一八日、国家民主党が違憲政党であるか否かという本質的な審理に入る前に却下されることになった。国家民主党の複数の幹部に、内相下の憲法擁護庁から資金が提供されていたことが次々と明らかになったためである。つまり、同党を違憲政党として禁止するために証人申請した国家民主党幹部数名が、憲法擁護庁への情報提供者だったのである。このことは、情報の信憑性、つまり本当に国家民主党は議会制民主主義にとっての深刻な脅威と言えるのか、という疑問を投げかけざるを得なかった。

国家民主党は、その危険性の程度についての判断はともかく、一九六四年に結成された右翼急進主義政党である。六〇年代後半にいくつかの州議会に進出し、その時点でも禁止が論じられたが、六九年の連邦議会選挙で敗北し、それ以来、政治的影響力を失っていた。

ところが、一九九六年にそれまでバイエルン州支部長だったフォイクト(Udo Voigt)が党首に就任すると、街頭での活動を中心とするネオナチ的スタイルで急速に党勢を建て直し、とくに東部ドイツにおいて暴力的な青少年を吸収していった。

連邦憲法擁護庁研究員のプファール-トラウクバー(Armin Pfahl-Traughber)の分析によれば、国家民主党のイデオロギーは、民主主義的な憲法秩序の否定と民族的社会主義——つまり民族主義と反資本主義の結合――を特徴としている。一九二〇年代の右翼急進主義を連想させる民族主義的共同体思想が、社会主義愛国心という東ドイツの文化的遺産と結びつく形で、とくに東部ドイツの青少年のあいだで短期間に大勢の支持者を見出すことになったというのである。[3]

そもそも、連邦憲法裁判所による政党の禁止は、戦前への反省に基づくドイツの戦闘的民主主義が持つ民主主義体制擁護のための言わば最も破壊的な武器の一つであり、安易に使用されてならないのは言うまでもない。事実、これまで実際に禁止措置が取られたのは、一九五二年に右翼急進主義政党の社会主義帝国党に対してと、五六年にドイツ共産党に対してだけである。

二〇〇一年にとくに与党の社会民主党と野党のキリスト教民主・社会同盟が協力して進めた国家民主党禁止の動きは、統一以来高まっていた右翼急進主義が急速に政治的に結晶化しつつあるという認識の広まりを示唆している。[4]

政府と議会の不手際のために実現しなかった禁止請求は、それでも一時的に国家民主党の勢力を削ぐことになった。幹部のあいだに多数の政府への情報提供者が存在したことが明らかになるにつれて、支持者が同党を去っていったのである。しかし、それも束の間だった。二〇〇四年九月一九日に行われたザクセン州議会選挙で同党は九・二%の得票率で一二議席(全一二四議席)を有する第四党に躍進する。第三党の社会民主党との差は、わずか〇・六%だった。

また第二章の最後に触れたように、同じ日に実施されたブランデンブルク州議会選挙では、ドイツ民族同盟が六・一%の得票率で、前回(五・三%で五議席)に引き続き州議会に議席(全八八議席中六議席)を確保した。両党は互いに対立候補をたてないという選挙協力をしており、その成果を確認した上で、一〇月三〇日には「右翼国民戦線」の結成を宣言し、選挙協力をさらに進めることを約束している。[5] 両党は、現在のドイツをいまだに占領状態にあるとみなし、既存の民主主義の制度にのっとってではあるが、彼らの考える「ドイツ本来の姿」を取り戻すことを目指している。

こうした右翼政党への支持が生まれやすい、とりわけ東部における社会的・文化的な土壌への対応が急務なのは明らかであろう。

ボン大学の政治学者ノイバハー(Frank Neubacher)によれば、ドイツ統一以前にすでに東部ドイツには右翼急進主義が存在しており、それには、少なくとも四つの要因が考えられるという。[6]

第一に、社会主義の統治システムの問題。この視点からは、批判を許さない政府の権威主義と、とくに社会主義共同体の思想そのものから生じるコンフリクトの忌避が、右翼急進主義の温床となっていたということになる。さらに学校で早期から行われた軍事教育も、スキンヘッドの若者に、暴力行使は許されるとする感覚を与えていたと考えられる。

第二に、ナチズムのメンタリティの残存。具体的には、権威主義に加えてナショナリズムと集団主義である。[7] 東ドイツには、こうしたメンタリティが反民主主義的・全体主義的伝統となって残っており、社会主義エリートはナチズムの社会的基礎の上で国民に対して民主主義ではなく一種の臣民意識を教え続けていたのであった。

第三に、社会主義システムの危機と崩壊である。つまり、東ドイツにも西の消費文化が少しずつ浸透することにより、学校を中心とする公式な場でのイデオロギー的な主張が欺瞞と感じられるようになり、そこから青少年の一部が体制への反逆として右傾化していったという解釈が成り立つとされる。

そして第四に、過去への取り組みの欠如である。

この最後の点についてノイバハーは簡潔にしか述べていないが、本章では、東ドイツにおける「過去の克服」の問題と政治教育とに焦点を当てていくことにする。

もちろん、歴史認識の視点にしぼって右翼急進主義の原因を説明することには無理がある。ノイバハーも述べているように、それには複合的な要因が存在するのは言うまでもない。しかし、たとえば国家民主党は、ナチス時代のドイツ国防軍の犯罪を明らかにする展示(「国防軍展」)に激しく反対するなど、いわゆる過去の克服への反対勢力として知られているほか、とくに東部における街頭での活動は意識的にナチスを模している。たとえばザクセン・アンハルトでは、二〇〇一年に国家民主党の禁止申請がなされた頃、プロパガンダ犯——たとえばナチス式敬礼、鍵十字の使用、とくにインターネットやCDによる人種主義的内容のロックの普及——が増加したことが報告されている。[8]

他方で、たしかに外国人などに暴力をふるう若者たちは政治に無関心で、ナチス時代のことについてもほとんど何も知らないと言われる。彼らの多くにとって、いわゆるホロコースト否定論者たちによる歪んだ「歴史理解」さえ別世界の話であるのは間違いない。アウシュヴィッツと言われても何のことかよく分からず、ただ社会への反抗の姿勢を示すために、彼らが考える——そしてそれを見ると親や教員といった彼らにとっての権威者が顔をしかめる——ナチス風のスタイルを好んで真似ているにすぎないのが現実であろう。国家民主党の下部組織である「青年ナショナリスト(Jungnationalen)」は、ロック・コンサートやサッカー大会を組織することで、政治的関心はおろか、ドイツ近現代史についての知識もほとんど持っていない政治的に未成熟な青少年を、彼らの共同体形成のためのデモへと導いていたのである。

それでも、あるいは、だからこそ政治教育にとって歴史教育は欠かすことのできないファクターである。ボッフム大学のファウレンバッハ(Bernd Faulenbach)は、次のように述べる。


歴史の次元を欠いた政治教育は、すぐに息切れしてしまう。記憶に取り組むことは、まさに政治教育の基礎として機能し、われわれの民主主義の基礎に関する判断形成を促し、それに対する脅威、つまり人権・市民権の崩壊や、あるいは権力に対するコントロールの重要性への感受性を高める。それは右翼急進主義に対する闘争の万能薬ではないが、それでも人種主義や反ユダヤ主義、そしてナショナリズムに対する免疫にはなりうるし、また医学を中心とする倫理性を欠いた学問の展開や、統制なき官僚制、また自らの行為の結果について考えようとしない専門家根性に対する批判意識を高めることにもなる。

右翼急進主義が、ナチス時代を記憶にとどめることに激しく反対したり、反対に急進主義的左翼がスターリニズムや共産主義に対する批判的な見方に困難を示すのは偶然ではないのである。[9]

反対に、歴史教育の存在理由を考える際にも、政治教育への貢献という目的は欠かせない。デュイスブルク大学の歴史家シェアケン(Rolf Schörken)の言葉を借りれば、「歴史なしで政治を、政治なしで歴史を理解することはできない。歴史の授業は政治の授業と、その対象領域において多くの共通点を持っている。たとえば現代史がそうであることは一目瞭然である。教育目標も共通している」[10]のである。

歴史教育の政治的重要性は、とくに一九世紀から二〇世紀半ばまで、それが政治教育の中核を形成しながらナショナリズムの高揚に、そして民主主義に対する防波堤として機能してきたという経緯によっても、確認されなければならないであろう。かつて反民主主義のために利用された歴史教育を、いかにして民主的な方向に転換するかが戦後ドイツの政治・歴史教育にとって重要なテーマであった。そして、そこでナチズムへの取り組みが大きな役割を果たしたことは間違いない。ドイツにおける民主的な文化の安定性には、とりわけホロコーストについての公共の記憶が大きく貢献してきた[11]。

もちろん、戦後ドイツにおける過去の克服を過大評価してはならない。初期の西ドイツは、ナチス犯罪の追及よりも、犯罪者の社会への統合の方に熱心であったと言ってよいだろう。また、NATOの枠組みにおいて連邦軍が再建されるなかで、(ナチスの戦闘部隊とは違って)「潔癖な国防軍」という神話が創られていく。こうしたなか、たしかに強力な反共主義と結びつく形でナチズムも否定されたが、そこではヒトラーを中心とする一部のナチスに責任が転嫁され、むしろ国民はその犠牲者だったと理解されがちであった。ナチズムへの取り組みが国民的な課題として本格的に認知されるようになるのは、ようやく六〇年代のことである。

また七〇年代に入ると、アイデンティティの危機を叫ぶ保守派のあいだから、ドイツの歴史に基礎を置くポジティブな国民意識(愛国心)の主張が目立つようになる[12]。こうした保守主義と曖昧に結びつく形で右翼急進主義が根強く存続してきたのも間違いない。

しかし、六〇年代あるいはとくに七〇年代以降に発展した、ナチズムへの反省を国家の精神的・倫理的基盤とする思想は、右のような保守派からの批判にもかかわらず、今日まで維持されていると考えてよいであろう。具体的には、学校教育はもちろんマスメディアを含む多様な教育・文化機関からなる総体が、こうした政治教育を進めてきた。この点では、たとえば八〇年代後半の歴史家論争も、過去に対するコンセンサスを根本的に揺るがすことはなかった。

このように西ドイツでは、動揺を経ながらも、いわゆる過去への批判的な視線が徐々に形成され、普及したのに対し、東ドイツでは違っていた。

命じられた反ファシズム

ファウレンバッハによれば、西ドイツの民主的な政治文化が、ナチズムの経験を背景とし、過去から学ぶという意志によって刻印されてきただけでなく、類似した過程は東にも見られたという[13]。東ドイツも、ナチズムとの対比において自国の政治秩序の正当性を主張する必要があったのであり、反ファシズムがその国家的アイデンティティの核をなしていたことは間違いない。

しかし、そこではホロコーストも大資本による搾取の一環として位置づけられ、反ユダヤ主義を中心とする人種主義は市民一人ひとりとは無関係の、言わば抽象的な問題とされてしまった。ここに、今日の東部における右翼急進主義につながる歴史政策上の問題がある。

東ドイツの歴史学におけるホロコーストへの取り組みの展開については、ケプナー(Joachim Käppner)が七期に区分して論じている[14]。以下、彼にしたがって、一九四五年から八八年にいたる展開を概観する。

彼は、第一期を、一九四五年から四九年のソ連占領時代に見ている。この時期には、むしろ西側占領地区よりも状況は良かったくらいだという。ナチス犯罪のなかにユダヤ人への迫害が位置することは、すでに明らかとされていた。ユダヤ系市民の強制労働が裁判で追及され、四八年にはユダヤ人共同体(jüdische Gemeinde)とナチス体制被迫害者協会(Vereinigung der Verfolgten des Naziregimes)が協力して、一〇年前の一一月九日にドイツ全土で行われたユダヤ人商店・教会等への襲撃事件(一一月ポグロム＝帝国水晶の夜)を想起する記念式典を開催するなどしている。また、公的領域における非ナチ化も、明らかに西ドイツよりも厳格に実施されていた。

しかし、このときすでに、ホロコーストへの取り組みにとって後々まで障害となる歴史理解が形成されていた。ドイツ人とユダヤ人の和解が訴えられる一方で、ナチスのユダヤ人政策は資本による支配の道具として説明されたのである。つまり反ユダヤ主義は、小規模なユダヤ人経営者の富の略奪を認めることで下層民衆の支持を集めようとするものであり、また、徴用されたユダヤ人は「アーリア人」の独占資本の手に渡っていったと解釈された。

第二期は、一九四九年から五三年である。この時期に、スターリン末期のソ連における反ユダヤ主義・反コスモポリタニズムにより、四九年以前には存在したホロコースト研究の芽さえもが摘まれてしまったという。

第三期は一九五三年から六〇年である。スターリンの死後、ユダヤ人迫害というテーマはタブーから解放されたが、歴史家のあいだでは、西ドイツをドイツの否定的伝統の継承者として描き、東ドイツ国家の正当性を裏付ける歴史を構築するという課題が追求された。とくにマルクス・レーニン主義研究所の歴史家キューンリヒ(Heinz Kühnrich)は、ジェノサイドの大きな目的の一つは、工業化された「死体からの強奪」にあったとまで述べている[15]。

このように、「ユダヤ人問題の最終解決」を経済的視点に依存して説明することに対する批判的な主張は例外的な少数派に留まり、社会主義統一党によってそれらの本は出版を押しとどめられた。

ケプナーは、ユダヤ人絶滅計画を指揮したアドルフ・アイヒマンがアルゼンチンで捕らえられ、イスラエルで裁判を受けた一九六〇／六一年を第四期とする。そしてこのとき西ドイツだけでなく、東ドイツでもホロコーストへの集中的な取り組みが行われたと考えている。それまでもホロコーストは、「ボンの戦犯国家」すなわち西ドイツを非難するキャンペーンに利用されてきたが、アイヒマン裁判が世界的な注目を集めることにより、この方針にさらに弾みがついた。戦後もボンで仕事を続けるアイヒマンの元同僚を指弾する出版攻勢が展開された。

他方、このころユダヤ人虐殺に対する公式な説明は曖昧なかたちで五〇年代における経済的視点を離れ、いわゆる「野蛮人テーゼ」が影響力を持つことになる。つまり、アウシュヴィッツにおけるような大量殺人は、経済的利益の追求のために実行されたというよりも、それ自身が独占資本独特の「野蛮」を証明するものだったというのである。この説明もまた、当然のことながら、社会主義の東ドイツは、ナチズムが根こそぎにされた正当なドイツ国家であるという政治的アピールと結びついていた。

そして、アイヒマン裁判後の一九六一年から六七年にあたる第五期に、その否定的な影響が顕著になったという。裁判が終了すると、東ドイツではユダヤ人虐殺に対する取り組みも一段落してしまった。さらに、それ以上に深刻だったのは、社会主義統一党がナチス文書の管理に乗り出したことだという。東ドイツに存在した文書が党の管理下に置かれ、それらの資料の利用が、西ドイツの政治指導者の不適切な過去を明らかにするという外交戦略に基づく研究以外に利用できなくなってしまった。

その一方でケプナーは、この第五期には、以前の「民族虐殺の経済学テーゼ」に対する明確な批判が歴史家から提起されていたことを指摘する。

具体的には、科学アカデミー歴史学研究所のパウルス(Günter Pauls)を中心とするナチス時代についての研究グループは、ヒトラーは言わば独占資本が設定した枠組みのなかで自らのプロジェクトを実行したのだと考えた。彼らによれば、ユダヤ人に対する迫害を経済的利害から説明することの妥当性を示す資料は存在しなかったのである。そのほか、資本家はナチス・イデオロギーと大衆運動を味方につけるのと引き換えに、ヒトラーにユダヤ人の絶滅計画に関するフリーハンドを与えたのだとする解釈もあらわれた。いずれにしても、ホロコーストは独占資本がイニシアチブをとって行ったのではないことになる。

しかし、このような新しい歴史理解に対しては社会主義統一党により厳しい姿勢がとられた。パウルスは歴史学研究所の現代史部門の長のポストを逐われている。

第六期は、一九六七年から八〇年頃である。この頃になると、ホロコースト研究は、大資本にその責任を負わせていても、もはや略奪による利益がその原因であると説明するようなことはなかったという。

具体的には、パウルスの同僚ドロビシュ(Klaus Drobisch)らが編集した『鍵十字下のユダヤ人』は、ユダヤ人虐殺についての新しい理解を示していた。それによれば、ホロコーストは、ナチスの住民計画である東方総合計画に基づき、未来の殺人の予行演習として、またドイツの独占的な世界支配の意思の表れとして理解される。「ヨーロッパにおけるユダヤ人の大量虐殺の後には、スラブ人の絶滅が続くことになっていた[16]」というのである。

しかし、この理解も、ユダヤ人の虐殺を独占資本に支えられたナチスの犯罪的計画の証拠とすることで西側の反共政策に対抗するという意図を伴っていた。こうした政治的利用を通じて、虐殺自体の意味は周辺化され続けることになる。また、当時の研究はホロコーストの責任を間接的にユダヤ人にも負わせていた。彼らは、反動的な階級路線に固執したことで、自らの没落に責任があるとされたのである。

それに対して、一九八〇年前後から東ドイツ消滅までの第七期において、ようやく東ドイツでも、ドイツにおけるユダヤ人の歴史を詳細に観察することが可能になった。

フンボルト大学教授のペツォルト(Kurt Pätzold)は、ユダヤ人の絶滅は最初から計画されていたわけではなく、事態が進行する過程で生じたものだとする理解を発表する。そこでは、戦争開始以前のユダヤ人が追放された段階については、それは戦争準備に向けた大衆の攻撃的な編成、階級闘争に代わって国民を動員するイデオロギーの実践、そしてユダヤ人の資産の没収による経済的メリットといった点から説明され、続く開戦から一九四一年までが移行期だったとされる。そして彼は、この過程で支配地域に非常に多く抱えたユダヤ人の追放がもはや不可能となり、同時に奴隷労働力を確保するために進めてきたポーランドのユダヤ人のゲットー化も、ソ連占領地域において十分な労働力が存在したために不要、さらには負担となったことから、絶滅プログラムが始動したのだと考えた。[17]

ケプナーによれば、さらに一〇年後、すなわちベルリンの壁が崩壊する前年の一九八八年には、一一月ポグロム五〇周年を利用してアメリカとの関係改善が模索され、そのことが東ドイツのホロコースト研究に遅ればせの興隆をもたらした。具体的には、とくに地方史研究がナチズムを担っていた一般ドイツ市民の姿に光をあて、「他者支配としてのナチズム」という従来の理解が神話にすぎないことを明らかにしたのだった。

図 16　ベルリン，ミッテ地区のシナゴーグのプレート．「このシナゴーグは 50 年前に冒瀆され，45 年前に破壊された後，我々の意思と内外の多くの友人たちの支援によって再建される．ベルリン・ユダヤ共同体．1988 年 11 月 9 日」

しかし、東ドイツに歴史理解の転換を進める時間は残されていなかった。また、ホロコーストについての新解釈も歴史学界内部でこそ注目を集めたものの、その外部に知られることはほとんどなかったという。

なお、西部出身のケプナーに対して、東ドイツを体験してきたグレーラー(Olaf Groehler)は、七〇年代以降の東ドイツにおける歴史学研究を、もう少し肯定的に評価している。彼によれば、すでに六〇年代の終わりには、ユダヤ人の虐殺が産業的・経済的な道具として行われたという理解は、歴史家のあいだでは支持できないものとなっており、ただ、党による統制のために、そうした歴史理解は専門家の世界に閉じ込められ、文献の形を取ることができなかっただけである。西ドイツの研究者が、文献だけを見て東ドイツの歴史研究を評価するとき、それは表面的な観察に終わるのだという[18]。

しかし、このように述べるグレーラーも西側の研究者が東に見出すのと同じ問題を指摘している。それは、最も根本的には、東ドイツの反ファシズムという国家原則が、社会主義統一党による政権安定のために道具化され、そのことがユダヤ人の絶滅政策に代表されるナチズムの犯罪との真剣な取り組みを妨げてきたということである。そもそも、ドイツの反ファシストがソ連の側に立ってヒトラーを打倒したところから東ドイツは建設されたとする公式の歴史理解は、ナチズムを自分たちの過去から排除するものだった。

さらにアーノルツハイン・プロテスタント教会アカデミーのモルトマン(Bernhard Moltmann)は、次のように述べている。

東ドイツにおける過去への回答は「反ファシズム」であり、それは国家的に据えられたもので、イデオロギーに根ざしていた。……国家と党が反ファシズムの弁護人になったという事実は、市民が積極的に過去に取り組むのを妨げることになった。なぜなら、彼らは政治体制への忠誠を強制され続けただけだからである。[19]

たしかに東ドイツでは、反ユダヤ主義は公式に批判されており、ユダヤ人がナチスの犠牲者だったことも確認されていた。国内のユダヤ人団体に対しては、ホロコーストの追悼を支援し、またモスクワの戦略と結びついた親アラブ・反イスラエルの路線の中でも、東ドイツの指導者たちは自らが反ユダヤ主義に陥らないよう注意を払っていたと言われる。[20]

それでも、東ドイツの歴史政策が少なくとも二つの根本的な問題を抱えていたのは明らかである。まず、歴史が体制の正当化のために強度に動員されたこと――「ナチズムの歴史記述は東ドイツの第一の防衛線[21]」――に問題があった。ナチズムに対しては決まった問いと答えが用意され、そこから外れることが許されなかったため、公式の歴史理解が一種の政治的・イデオロギー的な言語規則となり、国民一人ひとりが過去に対して主体的に取り組むことが不可能になってしまった。

そして、これと並ぶ深刻な問題は、ナチズムについての公式の歴史理解の内容そのものにあった。東ドイツの反ファシズムは、一九三五年の第七回コミンテルンで提起された「ディミトロフ・テーゼ」に基づいていた。それによれば、ファシズムは「金融資本の最も反動的で、狂信的に愛国主義的かつ帝国主義的な分子による公然たるテロ独裁」ということになる。この歴史理解の原則が、これまで見てきたように東ドイツにおけるホロコーストの解釈とそれへの取り組みに枠をはめてきたのである。虐殺に責任を負うのは資本家階級とされ、実際にナチスを積極的あるいは消極的に支持した大勢の人びとが、自らの過去に向き合う機会を奪われてしまった。

反ファシズム闘争という国家的な記憶は、たしかに社会主義統一党の初期の指導者層の個人的な経験には合致していたかもしれない。しかし、多くの東ドイツ国民にそれは当てはまらなかった。つまり、社会主義統一党は、国民に対してその責任を免除する代わりに、資本主義の除去に努力する自らの党を支持するよう要求したことになる。二度とホロコーストを起こさないために、という理由づけをしてである。

このような東ドイツの歴史政策は、右翼急進主義に対する無策をもたらすことになった。ノイバハーによれば、東ドイツにおける反ユダヤ主義あるいはネオナチを背景に持つ暴力は、すでに一九五六年から記録に残されているのであり、七〇年代終わりにはすでにスキンヘッズが街頭に現れていた。[22] しかし、スキンヘッズは西側の文化的悪影響として片づけられるなど、右翼急進主義の問題はタブー視あるいは軽視され続けた。ファシズムが資本主義の産物である以上、それを克服した東ドイツにネオナチは存在してはならず、そのような不都合な現象は存在しないことにされたのである。

東部ドイツの青少年の歴史意識

東部ドイツにおいて、国家民主党のような右翼急進主義政党を核とした右翼急進主義者の政治的結晶化が本格的に始まるのは、九〇年代半ばのことである。しかし、ベルリンの壁が崩壊した時点で、すでに東部における右翼急進主義の広まりは認識されていた。歴史教育研究者を含む多くの人びとが、東部地域の青少年の歴史意識には問題があると考え、その調査も行われていた。

この点で最も代表的なのが、ハンブルク大学のフォン・ボーリース(Bodo von Borries)が中心となり、一九九二年に東部五州と旧東ベルリン、また西部の革新的なことで知られるノルトライン・ヴェストファーレン、同じ西部ではあっても保守的な南部のバイエルンとバーデン・ヴュルテンベルクにおいて、第六・九・一二学年の計六四八〇人を対象に、また九四年にほぼ同じ形で二〇〇七人に対して行われたアンケート調査である[23]。

彼によれば、一九九二年の調査結果には東ドイツ時代の歴史教育の影響を読み取ることができる。西部ドイツの生徒と異なり、東部では、古代と言えば奴隷制、中世と言えば教会建築、近代における工業化と言えば資本集積といった言葉上の連想が顕著だったという[24]。

その一方でフォン・ボーリースは、「この調査結果からは、東部ドイツの青少年がネオファシズムに感染しやすい状態にあるとは言えない[25]」とも述べている。すなわち、近代化以前の歴史に対する認識と比べれば、ナチズムをめぐっては、東部と西部の青少年のあいだの認識の相違は小さいというのである。

この調査は、直接的に生徒たちがナチズムをどう評価しているかを尋ねるのではなく、ナチズムという言葉と、どのような概念が結びついているかに注目するものだったが、結果は、東部ドイツの生徒たちも西部ドイツの生徒とほぼ同じように、ナチズムからその一連の犯罪行為を連想しており、治安の改善や雇用の創出といった、いわゆるナチスの業績と結びつけることを拒否しているというものだった。とくにナチスの特徴として秩序・安全・勤勉・清潔といった徳をあげることに関しては、むしろ東部の青少年の方が、わずかながら西部よりも批判的な傾向が見られた。

さらに彼によれば、学校間――つまり学力と社会階層間――の相違や支持政党による相違、また性差――女子生徒の方がナチズムに批判的――などに比べれば、東西間の差は小さいということになる。しかし、以上の知見は、ナチズムをめぐる理解に東ドイツの歴史教育の影響が小さかったことを意味しないだろう。

単にナチズムを否定的に捉えるというだけなら、東ドイツの教育が西に劣っていたとは言えない。これまで見てきたように、東ドイツの歴史学は、問題を抱えていたとはいうものの、反ファシズムの国是に基づき、それを厳しく批判していた。また、フォン・ボーリースの調査は、東の生徒は西の生徒よりも、労働者による反ナチ抵抗運動を連想する割合が高いことをも明らかにしている。これが東ドイツの歴史教育の痕跡であるのは間違いない。

こうして彼も、東ドイツにおける「かつてのファシズム理解が、人びとを道徳的に免罪し、主体的な取り組みをさせずに来た可能性もないわけではない[26]」と譲歩することになる。つまり、量的観点からは、一見、東西間にナチズムに対する評価の差はないように見えるものの、両地域における批判の質が違っており、それが政治に対して決定的な意味を持つ可能性が否定できないのである。

以上の調査が明らかにしたもう一つの重要な点は、東部ドイツの生徒も西部ドイツの生徒も、ともに自分たちの方がナチズムをよりよく克服していると考えているが、その割合が東の方が高いということである。一九九二年の調査では、この他の点でも、たとえば東部ドイツの生徒による東ドイツに対する評価の方が西部ドイツの生徒による西ドイツに対する評価よりも高いという結果が出ているが、これは九〇年に行われた別の調査結果とも一致している。そこでも、東部の生徒の方が自分たちの歴史について誇りを持っているという結果が表れていた[27]。

このことに関連して、彼はもう一つの重要な事実に言及している。それは、東西両地域の教員は、生徒よりもはるかに大きな差異を示しているということである。

具体的には、東部ドイツの歴史の教員は、西部の教員、とりわけノルトライン・ヴェストファーレンの教員と比較して、歴史を客観的あるいは固定的に捉える傾向が強く、伝統的な国家史・政治史を強く支持しており、また知識志向――体験などを通した生徒一人ひとりによる過去への取り組みを軽視する傾向――が顕著であるという[28]。これが意味するのは、歴史認識におけるイデオロギー批判や多角的な視点といった方法論が獲得されていないということであり、多くの学校において、少なくともナチズムの克服をめぐっては、東ドイツの優越という感覚に基づいて把握された歴史理解の単純な伝達が試みられていた可能性が高いということである。

つまり、フォン・ボーリースの言葉を借りれば、「東部ドイツにおける歴史理解はむしろ保守的[29]」だということになる。

東ドイツの歴史教育が統一後に残した問題は、ナチズムに対する批判が足りなかったことにあるのではないだろう。明確な批判のもとで、実際には社会主義愛国心が、かつてナチズムへと流れ込んでいくことになったナショナリスティックな歴史の把握の仕方や、それと結びついた歴史教育観を生き長らえさせ、それが統一後になお影響力を維持していることが確認されなければならない。とくに東部ドイツにおいて、ナチズムへの批判さえもがナショナリスティックであるという事態は、こうした問題性をよく示していると考えられる。そこでは、社会主義統一党の歴史政策のために、自分たちはナチズムを十分に克服できていないという自己批判的な認識がとくに未発達だったと推察される。

以上の理解は、一九九四年のアンケート調査結果についても基本的に該当する。東西両地域ともに、相変わらず自分たちの住む地域に対する評価が、相手よりも高いという状況、そしてとくに東部においてそうである状況は継続している。

しかし、その一方で、新しい調査はナチズムに対する評価の差が拡大したことを示している。つまり、統一の時点で心配されていた、東部ドイツにおけるナチズムの美化という傾向が、このときに一層明らかとなったのである。一九九二年と違って、ヒトラーを英雄として捉える割合、ナチスをいわゆるその業績と結びつける割合において、東部は革新的なノルトライン・ヴェストファーレンはもちろん、保守的なバイエルンとバーデン・ヴュルテンベルクをも大きく上回ることになった。[30]

こうした現象の背景には、東西を問わずこの時期に同時に進行した若者の政治的無関心化、つまり政治と国家への信頼の低下があるとフォン・ボーリースは指摘する。[31]

この分析は妥当であると考えられるが、他方で、東部において以前の反ファシズム教育の効果が急速に失われたことも推測しないわけにはいかないであろう。こうした変化は、支配体制の正当化という目的のために酷使され、しかも結果的に十分に機能しなかった政治教育のもとで、革命前からかなりの範囲に広まっていた反社会的かつ潜在的に右翼急進主義的な若者が、言わば重しを取り除かれることによって、右翼急進主義者としての自己理解を明確にしていったことを示唆している。

他方、東部地域の青少年の視点に立つなら、かつて資本主義と結びつけられる形でナチズムが批判されてきた以上、そして統一によって資本主義が復権した以上、もはやナチズムを否定する絶対的な必然性は必ずしも明確ではないのかもしれない。

またフォン・ボーリースは、調査対象数をしぼって質的な調査を行えば、東部と西部の青少年のあいだにはもっと大きな差を見出すことができるのに対して、大勢の人数に対するアンケート調査では、その差が小さくなりがちだということを確認している[32]。彼は東西間の相違を強調することに慎重だが、その調査が示した微細な違いは、東西ドイツにおける歴史教育の差異に対応し、さらに東部地域における右翼急進主義の伸長という事態との関係も推定できるように思われる。

国家民主党やその他の右翼急進主義政党の勢力拡大は、必ずしも東部ドイツだけの現象ではなく、西部ドイツでも程度の差こそあれ、同時期には同様の現象が見られた。また、東部地域における高失業率に象徴される経済的困難が影響していることも間違いない。しかし、東ドイツの教育で伝達された歴史理解と、いわゆる伝統的な歴史教育の方法が、右翼急進主義を支える方向で機能しているのもまた確かと言うべきであろう。

歴史教育の転換

統一に伴う東部ドイツにおける歴史教育の転換は、少なくとも学習が期待される歴史理解の相違については、生徒たちにあまり大きな障害をもたらさなかったと言われることが少なくない。

現代社会を扱う公民科が最も不人気な教科であったように、歴史科についても、とくに近現代史は生徒たちから信用されておらず、それゆえ、統一に伴い西の歴史理解が導入されたときにも、生徒に戸惑いはなかったという声が、いまも東部では支配的である。むしろ大きく変わったのは、教室で自由な発言が許されるようになったことであり、他方、成績へのストレスが高まったことであると言われる。[33]

しかし、フォン・ボーリースの調査が明らかにしたように、東ドイツ時代の歴史教育は当時の生徒たちの思考にその刻印を残している。東部の人びとから一様に聞こえてくる「戸惑いはなかった」という声を額面どおりに受け取るわけにはいかない。そこには、むしろ統一後の世界に生きていかなければならない彼らの現実と、それに必死に立ち向かおうとする意思を読み取ることができるのである。社会主義時代に伝達が試みられた歴史理解を具体的に知るためには、当時の歴史教科書に注目するのが有益であろう。

東ドイツで最初に第三帝国の時代を扱う教科書が作成・出版されたのは、一九五二年のことである。四九年の独立直後に刊行された三巻からなる中等教育用の教科書は、ソ連の教科書の翻訳だったが、その第三巻は第一次世界大戦におけるドイツの敗北までしか描いていなかった。そして五二年の後には、六四年と七〇年に全面的に改訂された新たな教科書が作成され、この七〇年の歴史記述が基本的には東ドイツの消滅まで教室で教えられていた。

これらの三つの教科書におけるナチズム理解に大きな違いは存在しない。いずれも、先述のディミトロフ・テーゼによってナチズムの性格づけを行い、ドイツ共産党に象徴される労働者階級と内外の独占資本（＝帝国主義者）の支援を受けたナチスとの対立という図式で終戦までが語られる。また当然のことながら、ソ連の行動が非常に好意的に描かれている点も共通である。

しかし、子細に検討すると、三つの版のあいだには取り上げられる事実に多少の違いがあり、とくに一九六四年版と七〇年版とのあいだには比較的大きな変化を見ることができる。後者では明らかにドイツ共産党を正当化・美化する傾向が強くなり、代わりにユダヤ人が被った犠牲についての言及が減少しているのである。

一九五二年の教科書は、ナチスの人種主義について次のように述べていた。

とくにユダヤ人とスラブ諸民族に向けられた人種的煽動は……、主として経済的要因に基づいていた。ヒトラーの党は……独占資本によって支えられ、資本主義的秩序を支持していた。非ユダヤの帝国主義者は、競合するユダヤ人の排除に異議を唱えなかった。彼らはヒトラーに「ユダヤ人の金権政治家」と一般のユダヤ人に敵対する煽動を促した。……

一九三三年にユダヤ人の迫害が始まった。ナチスは多くのユダヤ人企業を強奪した。……また、ナチスはいわゆるニュルンベルク法を設けた。それは、すべてのユダヤ人とその親戚関係にある従業員を解雇することを可能とし、ユダヤ人と非ユダヤ人の婚姻を禁止した。ユダヤ人墓地やシナゴーグの破壊は、ヒトラー・ドイツでは日常茶飯事であった。一九三八年には突撃隊がユダヤ人の教会であるシナゴーグに火を放った。ユダヤ人に対するファシストのテロは人種的煽動で始まり、絶滅収容所における数百万人の虐殺で終わった。ヨーロッパの九五〇〇万のユダヤ人のうち、五〇〇万ほどが殺害された。そしてナチスの人種的煽動は、ポーランドやとくにソ連との戦争において、スラブ人に対し、より残虐な形をとることになった。[34]

とくに強制収容所については、次のような記述が見られる。

一九三三年にファシストは強制収容所を建設した。開戦時にはすでに数千人の反ファシスト抵抗運動家が収容されていた。

一九三九年以降、それらは大規模な絶滅収容所となった。ナチスを憎んだ数万の人びとが、これらの収容所で死んでいった。大学教授やエンジニアや聖職者や政治家や労働者やユダヤ人やフランス人やチェコスロバキア市民やソ連の兵士や将校である。……悪名高いアウシュヴィッツ収容所では、五〇〇万人が毒ガスで殺され、焼却された。

ナチスは人びとの絶滅を大工場化した。できるだけ多くの人びとを即座に殺せるよう、ガス殺が用いられた。彼らは囚人を裸にして小さな部屋に押し込め、そこに毒ガスを注入した。人びとを殺すのに、たった一グラムのツィクロンBで十分だった。IGファルベンのようなドイツの大企業は、この大量虐殺で大きな利益を得た。……また親衛隊のくずどもは、遺体から金歯を抜き取り、衣服や貴重品を奪った。[35]

ホロコーストの原因を資本主義の帝国主義者にのみ見るという問題を別にすれば、一番古い教科書が、東ドイツの四〇年の中で最もユダヤ人の犠牲を詳しく描いていたと言ってよいだろう。不確かな記述もあるとはいえ、この教科書は、ほかにワルシャワ・ゲットーの反乱はもちろん、キエフやリガで多くのユダヤ人が殺されたことにも言及している。

こうした叙述は、基本的には一九六四年版にも継承されている。六四年版には、ニュルンベルク法について、「それに解説を書いたのが現在のアデナウアー政権の次官グロプケである」といった西ドイツ政府を批判する一節が新たに書き込まれたものの、独占資本による利益追求に起因する生活水準の低下への批判をかわすために反ユダヤ主義が持ち出され、実際に破壊と略奪が行われたという指摘は変わっていない[36]。

また、スラブ系の戦争捕虜や市民に対する労働力搾取がさらに強調されるようにはなったが、ユダヤ人がナチスによる最大の犠牲グループの一つであるという前提は堅持され、その上で、そこでの過酷な実態を記述している。それは、少なくとも同時期の西ドイツの歴史教科書と同等以上と認められよう。

一方、七〇年版はナチズムよりもドイツ共産党の抵抗運動に焦点を当てることにより、非政治的な犠牲者に対する関心を著しく低下させている。五二年版でも六四年版でも、精神的あるいはイデオロギー的な戦争準備として、まず初めに反ユダヤ主義が語られていた。たしかに、その直後に、「それ以上に残虐な例」としてスラブ系諸民族に対する政策が語られてはいたが、反ユダヤ主義に最大の焦点が当てられていたことは間違いない。

それに対して、七〇年版に見られる「国民の戦争準備を促すファシストの教説」という項目には、次のように記されている。

ファシズムのイデオロギーの中核は、極限にまで高められた反共主義である。反共主義が生活の全体にまで行きわたらされた。……同様に犯罪的な目標は、悪名高い「国土なき民族」という嘘によって追求された。ソ連に対する戦争と諸民族の征服によって、この偽りの「生存権」を獲得する権利は、いわゆる人種理論から導き出された。ドイツ人は「支配人種」であり、それゆえ他の「劣等人種」の運命を決定しなければならないとされた。こうした堕落した教育が、とくに青少年に対して行われた。ファシストの人種理論の野蛮さは、とくに反ユダヤ主義に認められる。[37]

このあと、ニュルンベルク法や一一月ポグロムについても、ごく簡潔に触れられてはいるが、従来の教科書と比べて反ユダヤ主義の扱いは、取ってつけたような著しく軽いものとなっている。戦争中の犠牲者についての記述でも同じである。そこで中心を占めているのは、ソ連の共産主義者・愛国者と各地の抵抗運動が被った多大な犠牲であり、またソ連の物的被害である。たしかにアウシュヴィッツをはじめとする強制収容所も取り上げられるが、その説明は次のようなものである。

なかでもユダヤ人が人種的理由から迫害された。彼らは強制収容所に収容された。ドイツを含むヨーロッパ各地から集められた囚人に、数十万のソ連の市民が加わった。強制収容所では、労働者、共産党員、ソ連市民、進歩的知識人、ユダヤ人をはじめとする様々な国の様々な階級の八〇〇万以上の人間が残虐に殺された。[38]

一九五二年版および六四年版と比較するとき、七〇年版は反ユダヤ主義を明らかに軽視している。以前の版にも反ユダヤ主義をもっぱら独占資本との関係で説明するという問題が見られたが、ここでは、ユダヤ人の虐殺がたんにソ連に対する侵略戦争の副産物にすぎないかのように捉えられている。こうした記述の変化は、ケプナーの見解にも対応するものと言えるだろう。

このように、東ドイツの歴史教科書は、五〇年代から七〇年代にかけて、西ドイツとは反対に反ユダヤ主義の扱いを小さくしていった。そしてこの傾向は、基本的に東ドイツの崩壊の時点まで続いたと言うことができる。最後の教科書となった一九八七年版では、ユダヤ人の迫害についての記述が多少増えているものの、七〇年版と同様に「ファシズムのイデオロギーの中核は極限にまで高められた反共主義」であるとされ、反ユダヤ主義はスラブ諸民族に対する支配を正当化する「生存権思想」の極端な表れとして位置づけられているだけである。[39]

東ドイツの歴史教科書は五〇年代初頭から、戦前戦中におけるドイツ共産党とソ連の行動の正当性を訴えようとする傾向をもっていたが、改訂を重ねるに従ってそれはますます顕著になり、その過程で共産党員でもなくスラブ人でもないユダヤ人への関心は低下していった。社会主義的な歴史教育は、言わば労働者階級が犠牲者としての地位を独占し、ユダヤ人の犠牲者を記憶から排除する形で進化を続けたと言ってよいだろう。

一九八七年版は「第二次世界大戦の教訓」という項によって、次のように締めくくられている。

> 第二次世界大戦はドイツの帝国主義者と軍国主義者によって開始された。……彼らは、かつてない敗北を喫することになった。戦争とその敗北により、独占資本はドイツ国民に平和な未来を提供することはできず、歴史的に見て没落を運命づけられていることが明らかになった。……ヒトラー・ドイツの敗北の最大の要因は、ソ連の諸民族の英雄的な戦いだった。……また、ファシズムとの戦いでは、各国のパルチザン・抵抗運動が大きく貢献し、そこでは共産党が指導的な役割を果たした。……ファシズムとその同盟国に対する勝利により、世界の力関係は、平和と社会主義にとって有利な形に変わった。[40]

東ドイツの崩壊は、このような社会主義統一党の歴史理解に忠実な歴史教科書を教室から追い払うことになった。そして東部ドイツに生じた歴史教科書の空白は、西部ドイツの倉庫で出荷を待っていた教科書によって、さらに一部は、学校で使用済みの教科書まで動員される形で埋められていく。まもなく、西側の出版社から「新連邦州用」と銘打つ教科書も出版されたが、それらは西ドイツで使用されてきた従来の教科書に一九八九／九〇年の出来事についての簡単な記述を加えただけのものだった。そこに記されているのは、西ドイツの学校で使用するために、西ドイツの視点から書かれてきた歴史にほかならない。

これは、不可避の事態でもあった。新しい教科書を作成するには、少なくとも数年を要する。東ドイツの呆気ない消滅は、そのための準備期間を与えてくれなかった。
そして東部の人びとは、西ドイツ・マルクを手にした興奮からさめると、西から持ち込まれた歴史教科書に描かれた自分たちの姿に、違和感を覚えるようになる。とりわけ東部ドイツの人びとが納得できないのは、それまでナチスの第三帝国を指して使われてきた「過去の克服」という言葉が、東ドイツに対しても使用されるようになったことである。その国に暮らしてきた人びとは、この言葉遣いに西の支配者による権力奪取のための試みを嗅ぎ取った。

たしかに東ドイツの社会には多くの問題があったとは言うものの、誰が見ても、ナチス・ドイツが侵した犯罪と東ドイツが侵した犯罪とではスケールが違いすぎる。なにより第三帝国と東ドイツとでは、権力者とその犠牲者、そしてその関係を説明するイデオロギーが異なっている。彼らが生きてきた東ドイツは、内実はともあれ「反ファシズム国家」だったはずである。

また、そもそも西ドイツの歴史教科書における東ドイツについての記述は、その描き方以前に、量的にも簡潔なものにとどまっていた[41]。そこでは、戦後初期の西ドイツの成立と発展についてはアデナウアー政権を中心に相当のページが割かれるのに対して、同じ時期の東ドイツについては、その半分ほどしか与えられていない。

具体的には、東部ドイツの人びとが手にした西ドイツの教科書のなかで代表的と考えられる『歴史的世界科』では、西ドイツに一九ページに対して東ドイツに一一ページ、『過去への旅』では二二ページ対一四ページ、『バイエルン教科書出版——歴史』では一九ページ対一二ページである[42]。

西ドイツの歴史教科書は、たしかに東ドイツを単なる外国として見ていたわけではないが、基本法が掲げる国家統一の課題に忠実だったとも言えない。そこでは、東ドイツについて語られるのは、独裁的な政治体制、経済の困難、西への人口流出とそれを止めるために築かれたベルリンの壁ぐらいである。

しかし、問題は、西ドイツの歴史教科書における東ドイツ像が歪んでいた——少なくとも当事者にとって受け入れ難いものだった——ということにのみあるのではない。より重大なのは、西ドイツの生徒のために作成された教科書が、東部ドイツにおける歴史認識上あるいは政治教育上の課題に応えることができなかったことである。

必要とされていたのは、東部における生活を踏まえたうえで、それまで正しいとされてきた歴史理解がどのように操作されていたのかを理解し、批判的な思考を自ら発展させることを可能にする歴史教育であり、そのための教材だった。西ドイツで正しいとされてきた歴史像を提供するだけでは、人びとの目に、単に権力者が交代したにすぎないと映ってしまう。

この点では、東部ドイツの人びとの意見を代弁しやすい立場にあった東ドイツ時代の知識人、とりわけ歴史家のかなりの部分が、統一早々に職場を追われてしまったことが大きなデメリットをもたらしたと考えられる。

彼らの多くが旧体制に責任を負っており、また、その研究も西の視点から見るとき、あまりにイデオロギー色が濃かったとしても、彼らを過度に厳しく公的領域から排除したことは、言わば反省する主体を奪う結果をもたらした。こうした人事上の措置は、東部の人びとからは、西部における知識人の失業問題を解決するための施策であるとして不信感をもって見られただけでなく、東部の視点から改めて批判的かつ主体的に歴史を書き直す試みを困難にした。統一後の西の権力者・知識人は、第二次世界大戦後の社会主義統一党と同じように、東部ドイツの国民に対して歴史の勝者による正しい物語を提供するという間違いを犯したと言っても過言ではないだろう。ただし、今回は、東部ドイツの人びとを免罪する意図も必要もそこにはなかった。

そもそも統一前後の東部ドイツには、旧体制を基本的に支持する人びとと、それを批判する人びとが存在していたが、東部に対して基本的に無関心だった西部ドイツの人びとは、そうした現地に存在する政治的対立に対する感受性を欠きがちであり、自らの歴史理解を提供することになってしまった。その一方で、自らのエリートを失った東部ドイツの人びとは、新しい権力者に対する不信感を募らせていく。旧体制に批判的に対峙し、社会を自らの手で変革しようと努力していた人びとの目にも、西ドイツの教科書が描く東ドイツは自分たちの姿を正確に反映していないと映った。それらは、社会主義政権下での生活の困窮や監視・密告社会のような政府の抑圧的な政策ばかりを取り上げる一方で、東ドイツが達成したものを無視しているというのである。そうした西の歴史理解は、旧体制を支持する人びとをますます頑な姿勢へと追い込むことになった。

もちろん、西側から見れば、たとえば東部ドイツの人びとが口にする東ドイツが達成したものとは一体なにか？　と問いたくなるであろう。オリンピックに代表される国際的なスポーツ大会で東ドイツ・チームがおさめた目ざましい成績は、社会の現実から国民の目を逸らし、愛国心を育む政策の結果だったのであり、社会主義の成果として宣伝された女性の社会進出——高い就業率——も、労働力不足を補うための格好の低賃金労働者の雇用という意味があった。

西ドイツの歴史記述が一面的だったとしても、東部ドイツで生じた素朴な声をそのまま取り上げることにも問題がある。単に西ドイツの教科書における東ドイツ関連記述を、東部の声で置き換えればよいというものではない。

つまり、東部における歴史教育を再建するためには、分裂の時期を含むドイツ現代史を改めて東西両方の視点をふまえて再検討することが不可欠であり、これは統一ドイツ全体の歴史教育を考え直す必要があるという結論にいたる。問題は、東ドイツ像にだけあるのではない。もし従来の西ドイツの教科書における東ドイツ像に不備があるとすれば、それを位置づけてきたドイツ現代史像全体に問題があったのであり、問題はかつての東西ドイツの境界線を越えることになる。

しかし、当然のことながら、東西両方の視点からドイツ現代史を再検討するという作業は容易ではなかった。以下、まず二冊の前期中等教育用教科書における記述の変遷に注目することにより、統一後のドイツにおける歴史教育の再建の進展状況を確認したい。

克服されざる境界線

本書が注目する第一の教科書は、シェーニンク社の『フォン・ビス(*Von... bis*)』である。

これは、一九九〇年にバーデン・ヴュルテンベルクのレアルシューレ(実科学校)用として刊行された教科書が、統一直後に五つの全新連邦州でも検定に合格し、二〇〇二年の時点でもザクセンを除く四州で使用を認められているという数少ない例の一つである。このように、今日、東部の四州以上で使用が認められ、かつ同名の教科書が統一直後にも同様の扱いを受けていたケースは、ほかにはディースターヴェーク社の『歴史的世界科』(新連邦州版)と、ヴェスターマン社の『過去への旅』(新連邦州版)、そしてコーネルゼン社の『歴史教科書』しか存在しない。

さて、『フォン・ビス』の記述内容に目を向ける前に、本書がレアルシューレという平均的な学力の――成績優秀ではない――生徒を念頭において作成されていることを、再度確認しておく必要がある。一九九〇年版、九八年版ともに新連邦州で広く使用が認められているこの教科書の特徴の一つは、きわめて簡潔な記述にある。

当然のことながら、一九九〇年版ではドイツ統一については語られておらず、東ドイツについては、「東ドイツの成立」「一九五三年六月一七日――ドイツの蜂起」「一九六一年八月一三日――ベルリンを縦断する壁の建設」の三節が設けられているだけである。二つのドイツ国家の誕生にいたる経緯を記述するなかでも、ときおりソ連占領地区に目が向けられるが、そこでの記述を方向づけているのは、あくまでも西側戦勝国とソ連の対立のもとでの西ドイツの建国プロセスの説明である。東部地域の状況は、その説明を補完する情報として取り上げられるにすぎない。

さらに「東ドイツの成立」の節でも、語られているのは、さまざまな資産の国有化と土地改革、農業の集団化、ソ連の圧力のもとでの共産党と社会民主党の統一、の三点だけであり、ここに東ドイツの人びとの具体的な姿は登場しない。少しでも詳細な記述が展開されるのは、六月一七日蜂起の節が唯一ということになる。

六月一七日を理解するためには、ドイツ戦後史に注目しなければならない。赤軍とともに、モスクワに逃れていたドイツ共産党員も戻ってきた。ソ連軍政府の支持の下、ただちに彼らは計画的かつ意識的に社会主義の建設に着手した。たとえば土地改革とそれに続く農業の集団化、銀行・保険・産業の国有化、学校制度改革、社会民主党と共産党の強制的な社会主義統一党への統合などである。……

西側に目を向ければ、東が困難な状況にあるのはまさに明らかだった。連邦共和国は常に経済成長していた。このことが大量の人口流出をもたらした。一九五三年三月には一カ月のあいだに五万八〇〇〇人が東ドイツを去った。一九五二年以来、毎月一万五〇〇〇人から二万三〇〇〇人の難民が発生した。この難民の移動は、東ドイツ経済をさらに弱体化させた。

一九五三年四月二〇日、肉の値段が大幅に引き上げられ、労働ノルマも一〇％増やされた。これは実質的な賃下げ――同じ賃金でより多くの労働――を意味した。各地で時限ストの形での抗議が始まった。その結果、物価の引き上げは撤回されたが、労働ノルマの増加はそのままとされた。

抗議はさらに広がった。自発的な労働放棄が起こり、六月一六日にはスターリン通りで建設労働者のデモも発生した。六月一七日早朝、そこに集まった三〇〇人ほどの労働者のあいだで議論が沸騰した。彼らは官庁街に向かった。七時頃には、デモ隊は数千人に膨れ上がっていた。

そのあいだに、東ドイツ全土で労働放棄と抗議運動が発生した。初めは穏やかだったが、やがて大きな政治要求が掲げられた。政府の退陣や、西部ドイツのすべての民主的な政党の許可、四カ月以内に自由で秘密の直接選挙を実施すること、すべての政治犯の釈放、東西間の境界の廃止などである。こうして占領軍が介入することになった。一三時にソ連軍司令官はベルリンに非常事態を宣言し、全ての集会とデモを禁止した。ソ連軍の戦車が出動した。そのほかの一六七の町や村でも、二四時間以内に非常事態が宣言された。

蜂起は鎮圧された。スターリンの死によって政治的な変革が可能になるのでは、という多くの人びとの希望は、苦い幻滅に終わった。[43]

『フォン・ビス』の中で東ドイツの一般の人びとが登場するのは、ここが唯一と言ってよい。次の節は、東ドイツ政府は人口流出を止めるためには壁を建設するしかなかったと述べるだけである。

この教科書は、東ドイツを、経済的困難、社会主義統一党による抑圧的な政治体制、西への人口流出、そしてベルリンの壁の建設というステレオタイプ化した視点から説明し、そこに暮らす人びとを体制に屈した存在として描くことに満足していた。東部の人びとの視点はなく、西側の優越を裏付ける東ドイツ理解をそのまま表現していたのである。

統一直後の東部ドイツの人びとは、このような教科書を手にしなければならなかった。

それに対して、同じ教科書の一九九八年版は、もう少し多くのページを東ドイツに割いている。具体的には、最新版は八九年以降のいわゆる平和革命と統一プロセスをめぐり、「革命」「解体」「移行期－第一国家条約」「第二国家条約－統一条約」の四節を新たに加えた。

しかし、右に引用した東ドイツ国家の成立と発展についての記述は、今もそのままの形で維持されている。最新版は、単に旧版が編集作業のスケジュールのために書き込めなかった情報を追加しただけである。新たに書き加えられた四つの節の記述も、したがって同様の問題点を抱えている。

一九八九年九月二五日以来、ライプツィヒのニコライ教会での平和の祈りのあと、デモが行われてきた。初めのうちは数千人の規模だったが、回を重ねるごとに数が膨れ上がり、一〇万人以上にもなった。警察は暴力的に対応し、多数の逮捕者が出た。一〇月初めには、デモ隊に対して社会主義統一党の戦闘部隊が投入された。それにもかかわらず、抗議運動は拡大していった。一九八九年一〇月九日、東ドイツは内戦の瀬戸際にあった。指導部は、力ずくでデモ隊を鎮圧するよう命じた。このときは、まだ三八万のソ連兵が東ドイツに存在していた。しかし彼らは介入しなかった。最後の瞬間に、ライプツィヒのゲヴァントハウス・オーケストラの指揮者クルト・マズアほかの市民が、流血の衝突を回避することに成功した。東ドイツ各地のデモは、ますます拡大した。一一月四日には東ベルリンで最大のデモが起きた。一〇〇万人が街頭に出たとされる。呼びかけたのは東ドイツの芸術家組合だった。このとき、それまでに引退していた国家と党の長エーリヒ・ホーネッカーが公然と批判された。一九八九年一一月九日が近づいた。この日、東ドイツのテレビは、政治局委員ギュンター・シャボウスキの記者会見を生中継していた。彼は、外国への個人旅行が間もなく許可されると語った。その日の夜、数十万の東ベルリンの人びとが西ベルリンへとなだれ込んだ。二二時ごろ国境警備兵が門を開き、人びとが妨げられることなく通行できるようになった。[44]

「革命」と題されたこの節は、新設された四つの節のなかで、市民が最も大きな歴史的役割を果たした場面を描いている。これに続く社会主義体制の解体や二度の国家条約による統一プロセスを説明する節が、ホーネッカーやエーゴン・クレンツ、ハンス・モドロウ、あるいは西ドイツのコール首相を軸にした淡白な記述にならざるを得ないのに対し、ここでは、マズアに代表される大勢の市民や国境警備兵など、政治家以外の人びとが数多く登場する。

しかし叙述の形式は、六月一七日蜂起の説明と基本的に同じと言ってよいだろう。自由を求める市民と弾圧する国家権力という単純な枠組みが示されるだけである。

なぜ市民は、このとき立ち上がったのか？　警官は武器を持たない市民に対して、なぜ暴力をふるうことができたのか？　そして、どうして今回は流血の事態が避けられ、革命が成功したのか？　このような深刻な問いに対して一定の説明を試みること、あるいは読者がそれについて何らかの解答にたどりつけるように導くことが、東部・西部を問わず、今日のドイツの歴史教科書の課題であると考えられるが、この教科書は、これをレアルシューレの生徒には高度すぎると考えたのか、代わりに次のような文章で、東ドイツの歴史を強引に締めくくっている。

新連邦州の多くの人びとにとって辛かったのは、自分たちが良いと思っていたもの、たとえば就学支援や企業内託児所のようなものまで、呆気なく廃止されてしまったことである。彼らは、共同性の感覚や、以前は存在した濃密な人間関係、助け合いの関係を懐かしく思っている。代わって登場したのは、多くの場合、冷たい社会関係だった。社会主義統一党の後継者である民主社会党が新連邦州で躍進していることは、こうした落ち着かない気持ちを表現するものである。この党の多くの支持者にとって、社会主義の理想は、いまだ片づけられてはいない。もう一つの問題は、右翼急進主義の拡大である。[45]

この記述も、統一後に西部ドイツを基盤とする新聞や雑誌で日常的に目にした論調そのものと言ってよい。西部の多くの人びとにとって、東部で旧体制を意味する民主社会党が一定の支持を集めてきたのは理解できないことであり、この教科書の記述は、こうした疑問に答えようとするものではあっても、東部はもちろん西部地域も含むドイツ全土の人びとが統一の後に必要とする歴史理解について顧慮することを知らない。むしろ、西から東に注がれる素朴すぎる哀れみの視線が、東部の人びととの多様な表現を受けとめることを不可能にしていると言えるだろう。

このように、『フォン・ビス』は、自分が見たいものだけを見るという姿勢を貫くことで、歴史理解における自他の境界線をさらに強化している。初版が刊行されてから八年のあいだに、こうした問題に気づき、それを改善する可能性を見出すことができなかったのである。

歴史を著すのはもっぱら西側、東の人びとはその歴史によって正当性が証明された西側が描く物語を学べばよいと言っているに等しいこの教科書が、相変わらず多くの新連邦州で使用を認められているところには、早すぎた統一に伴う混乱を未だ抜け出せていないドイツの現状が表れている。

壁を越える試み

『フォン・ビス』が平均的な学力の生徒を念頭において作成されているのに対して、次に注目する教科書『歴史的世界科』は、進学校であるギムナジウム用の教科書である。

こちらは『フォン・ビス』よりも初版が一年遅く刊行された――統一を見届けた上で刊行された――こともあり、初めから東ドイツに多くの紙面を割いていた。さらに第二版は『フォン・ビス』よりも一年早く刊行されたにもかかわらず、「新しい連邦共和国」という独立した章を新設して、東ドイツの過去にどう取り組むのかといった現在の問題をテーマ化している。

章の名前こそ、新旧二つの版で「東ドイツ――マルクス・レーニン主義に刻印された『現存する社会主義』」のまま変わっていないが、据えられた学習目標は、旧版における「ベルリンの壁建設前後の東ドイツの政治的・社会的展開と、とくにどのようにして東ドイツ指導部は反対派を排除し、経済的・社会的問題を解決しようとしたのかを理解する」[46]から、次のように改められた。

東ドイツに関連して、西ドイツ人を「勝者」として、東ドイツ人を「敗者」として見るなら、それは致命的であろう。この章では、東ドイツをそのものとして理解し、社会主義統一党の権力装置のほか、人びとの実際の生活を具体的に理解することが目指される。[47]

学習目標の変更は記述内容の変化をともなっている。とりわけそれは、社会主義政府の方針に反対した人びとに関する情報が書き加えられた点に認められる。

また、女性・教育政策に代表される、かつて東ドイツが誇っていた社会政策と、その現実についての記述が増加したほか、とくに目立つのが精神生活への言及である。「東ドイツの芸術政策」といった項目が新たに設けられ、そこでは五〇年代における社会主義リアリズムについてグローテヴォール(Otto Grotewohl)の言葉で説明されるだけでなく、六〇年代に入ると検閲をかいくぐって現実の問題を美化することなく取り上げるクリスタ・ヴォルフのような作家が登場し、とくに若者のあいだで絶大な支持を得たこと、また体制を批判する声は政府による弾圧のあとも、プロテスタント教会を中心として地下で生き延びてきたことが指摘される。

マスメディアについても、実際には多くの東ドイツの人びとが、自国メディアが伝える、言わば生活・生命のために必要な政治的建前についての情報と、西ドイツの公共放送に代表される西側メディアが伝える信憑性の高い情報との二重生活をおくっていたことが紹介され、こうした文化的・社会的背景があったからこそ、八〇年代に入り、新しい――社会主義統一党とともに国家建設を担った経験がない――世代が登場すると、社会の現実と建前との乖離が縫合不能と考えられるようになったと説明されている。

以上もまた、基本的には西側から見た一つの東ドイツ理解にすぎないとはいえ、東側に対するステレオタイプから解放されようとする姿勢をそこに認めることができるだろう。さらに一九九七年の新版には、章の最後に、八〇年代の反体制運動に参加した女性が、統一後に緑の党の国会議員に送った次のような手紙が引用されている。

みなさんの誰も本当のところは分からないでしょう。でも、理解はできるかもしれません。東での生活は、とても楽しかったということを。

悲しいときもありましたし、嬉しかったこともあります。ときには絶望もしました。このように私たちは充実した人生をおくっていたのです。東の生活も、一つの完全な生活でした。[48]

ここには、西側から東ドイツを見るという閉鎖的な歴史理解・記述のスタイルに対する反省の意識が読み取れる。西ドイツにおける従来の単純な東ドイツ像に批判の目を向け、より精緻な記述を目指すだけでなく、東ドイツに暮らす人間の声を取り上げることにより、東ドイツをめぐる東西の理解の壁を越える試みが進められていると言ってよいだろう。

これまで見てきた二つの教科書の例が示しているのは、統一後の一〇年ほどのあいだに、歴史理解の相違が少なくとも埋まらなかったということである。そして、どちらも新連邦州で広範に使用が認められていることから明らかなように、断層は必ずしも西と東のあいだを走っているわけではない。むしろ、西側において、統一後の新しい世界に応じた歴史理解を追求する人びとと冷戦の名残を生きる人びとのあいだに一九九〇年に生じた亀裂が、東部ドイツにもおよんでいる様子を、そこに見ることができるだろう。

なお、この亀裂はレアルシューレとギムナジウムの違いに象徴される学力・社会階層の境界線にも対応していると考えられる。学力の低い生徒を念頭においた平易な記述が、とくに西側で古い馴染みのある解釈のパターン、つまり大衆メディアで目にする理解を踏襲しがちなのである。学校種ごとに、東ドイツについての記述を比較したミュンスター大学のマーザー(Peter Maser)も、最も学力の低い生徒が通う中等学校であるハウプトシューレ用の教科書は、その扱いがきわめて簡潔なのに対して、レアルシューレ用の教科書では同様の傾向は見られるものの、中には比較的詳細に記述するものもあり、高学力者を対象にしたギムナジウム用の教科書が最も詳細な記述と効果的な資料を掲載していることを確認している。[49]

統一以来、東西間の心理的な壁を乗り越える必要性は何度となく言われてきたが、それは知的な努力を要する性格のものであり、そうした問題意識が低学力層にまで浸透するには、さらなる時間が必要とされるのであろう。これは、この層がとくに右翼急進主義の支持者を生み出していることを考えるとき、深刻な問題である。西の教科書が、言わば最も歴史教育を必要としている人びとを取りこぼしてきた面があることは否定できない。

この点で、もう一つの教科書『探検・歴史』は、新しい可能性を開くものと言える。

一九九七年から九九年にかけて全三巻が刊行されてきたこの教科書は、二〇〇二年の時点で東部三州と西部四州で使用が認められ、また同一シリーズの別の版が東部二州と西部三州で許可されている有力教科書である。[50] また、州によりギムナジウム用教科書としても使用が認められているとはいうものの、基本的にはレアルシューレとハウプトシューレという低学力の生徒が通う学校を念頭において作成されている。

この教科書の最大の特徴は、著者の半数が東部出身者によって占められている点にある。編者の一人である歴史家クローゼ(Dagmar Klose)は、東ドイツ時代のポツダム教育大学で学位を取得し、学校教員として歴史とドイツ語を教えたのち、統一後に再建されたポツダム大学に戻ったという経歴の持ち主であり、彼女によれば、この教科書を作成するにあたっては、意識的に東部出身者が迎えられたということである。ここでは、それまでの西側から見た歴史に代わり、かつての東と西の歴史家の対話を通して新しい歴史理解を構築することが目指されていたという。[51]

こうした教科書が作成される社会的背景としては、東部地域の学校での採択促進という出版社の販売戦略もさることながら、より根本的には、教員のあいだに西の歴史家の手で書かれた教科書に対する不信感が広まっていたという状況がある。たしかに『歴史的世界科』のように、高学力の生徒用の教科書には西ドイツ中心の歴史理解に対する反省の姿勢も見られるものの、それでも、その記述は東の教員自身の体験に照らしたとき必ずしも満足できるものではなく、とくに低学力者を対象にした教科書は納得できないものばかりなのが現実である。

図 17　『探検・歴史』の編者，クローゼ教授

第一次世界大戦から二一世紀までを扱う、この教科書の第三巻には、西ドイツの歴史家によって書かれた他の教科書とは異なる東の視点を見ることができる。

たとえばナチス時代の抵抗運動についての説明では、ゲシュタポの取締りについて次のように記される。「(抵抗運動にとって――引用者注)大きな危険は、ゲシュタポの諜報網だった。ゲシュタポはどこにでも目を光らせていると言われていた。彼らはテロや監視を行っただけでなく、多数の自発的な密告者によって支えられていた。」また、このあとには、「民族共同体の思想は密告とどう関係していたのか、話し合いなさい」「なぜ密告者は、恥ずかしく思わなかったのでしょう?[52]」という設問が掲げられている。

こうした問題意識が、同じく密告社会だった東ドイツの経験に基づいているのは、間違いないであろう。

また抵抗運動自身についての記述では、共産党に対する高い評価が際立っている。そこでは、一九三八年一月から三月のあいだにゲシュタポに検挙された政治犯一五八七人のうち、四分の三にあたる一一八五人が共産党員だったこと、また、一九三五年のコミンテルンでいち早くヒトラーの打倒が目標に掲げられたことなどが指摘されている。それに対して社会民主党や新旧教会については、その抵抗運動が確認される一方で、組織の内部にナチスへの抵抗と順応をめぐる意見対立が見られたとされる。[53]

さらに対ソ戦の記述では、ドイツ軍がそこで受けた損害の大きさよりも、その非人道的な軍事作戦と占領政策によるソ連の人びとの苦悩の方に焦点があてられている点なども、東ドイツの歴史教科書との近さを感じさせると言ってよいだろう。[54]

他方、当然のことながら、著者たちは東ドイツの教科書の弱点にも気づいていた。新しい教科書は、ナチズムを経済的観点だけから捉えるようなことはせず、社会ダーウィニズムやマスメディアを通じたプロパガンダなどの視点も含めて多角的に人種主義に迫り、またワルシャワ・ゲットーの蜂起に代表されるユダヤ人の抵抗運動も取り上げている。

これらは、東ドイツの公式の反ファシズムへの反省と批判の意識を示すものであり、『探検・歴史』では、なによりも東ドイツの教科書で副次的な扱いにとどまっていたホロコーストについての記述が大幅に拡充されている。もちろん障害者や同性愛者、兵役拒否者、さらにシンティとロマのような、いわゆる人種的理由に加えて、民族共同体にとって価値がないとして迫害された人びともはや忘れられてはいない。かつての教科書が、共産党員の抵抗運動と犠牲者ばかりを描いていたのとは明らかに異なっている。

また「右翼急進主義は未だ歴史ではない」という節も設けられ、統一後のドイツにおける問題状況も語られる。教科書によれば、第三世界からの難民に対する暴力だけでなく、「反ユダヤ主義も未だ克服されていない」[55]のである。

このような統一ドイツの視点を追求する姿勢は、戦後の二つのドイツ国家を描く際に、最も顕著となる。この教科書は、戦後を扱う第九章「分裂したドイツ　一九四九―九〇年」に四四ページを割き、以下の九つの節を設けている。

第一節　一九四九年から一九六九年のドイツ連邦共和国
第二節　第二のドイツ国家――東ドイツ――の成立（一九四九―一九六一年）
第三節　東と西における敵イメージ

第四節　「余暇社会」に向かって
第五節　一九六九年から一九八九年の西ドイツ
第六節　一九六二年から一九八九年の東ドイツ
第七節　分裂したドイツにおける女性と家族
第八節　二つの青年文化
第九節　四一周年目の東ドイツ――国家的祝賀から滅亡へ

右から明らかなように、『探検・歴史』は、四〇年あまりの期間を二つのドイツの建国期と、両国の安定から統一に向かう時期に二分し、最初にそれぞれの地域に注目――第一・二・五・六節――したあと、プロパガンダや余暇、女性・家族政策、青年文化のような共通の視点から両国を比較するという構成をとっている。ここでは東西ドイツの比較という作業のなかに、心理的な壁を乗り越える可能性が追求されていると言ってよいだろう。意識的に東西ドイツを比較する姿勢は、西部ドイツの社会において一般的な、東ドイツをナチス体制の延長と捉え、それを西ドイツと対等な存在としては見ない傾向を考慮するとき、重要な意味を持っている。統一ドイツにおいて政治教育としての責任を果たそうとする歴史教育の姿勢を、ここに認めることができる。

また個々の記述にも、東ドイツの経験に由来すると思われる箇所が随所に見られる。一例をあげれば、一九五三年の六月一七日蜂起の描写も、『フォン・ビス』とはニュアンスを異にしている。この教科書では、労働者の蜂起にいたるまでの東ドイツ経済が直面していた困難についても、単にソ連に対する賠償支払いの負担を指摘するだけでなく、そのソ連がナチスの戦争により多大な被害を受けていたことを強調し、さらに、もともと東部の工場施設がルール地方を中心とする西部に原材料を依存していたため、西側による経済封鎖によって、それらの施設を思うように稼働させられなかったという、西ドイツの教科書では省略されてしまいがちな視点に配慮している。

その上で、蜂起については、次のように述べる。

> 一九五三年初頭に東ドイツにおける経済状況と人びとの生活水準は悪化した。六月半ばに物価が引き上げられ、労働ノルマは一〇―三〇％増やされた。……六月一六日には数千人の建設労働者がベルリン中心部をデモ行進した。……社会主義統一党指導部はノルマの引き上げの撤回を発表したが遅すぎた。翌朝ふたたび数千人が東ベルリンをデモ行進し、政府やウルブリヒトを含む不人気な党幹部の退陣を要求した。
>
> 東ドイツのほとんどの大都市で、同じような状況となった。そして平和的な抗議でなくなるところも出てきた。政府や党の施設が襲撃され、正午ごろ、ベルリンの官庁街で最初の発砲がなされた。警察は放水車と催涙ガスを投入したが、それでも事態を鎮静化することはできなかった。投石が続き、国営商店に火が放たれた。一三時にソ連軍司令官が非常事態を宣言した。ソ連兵と戦車がベルリンその他で、力ずくで街頭からデモを排除していった。[56]

『フォン・ビス』の記述（一九二頁参照）との違いは明白であろう。その教科書が、抗議する労働者は東ドイツという社会主義国家そのものの廃止を求めていたかのように描くのに対し、『探検・歴史』はこの点で慎重な姿勢を示している。また後者は、一部の労働者が暴徒化したことを受けてソ連軍が介入したと、反政府運動の暴力に触れない前者とは異なる理解を展開する。こうした差異は、西ドイツの従来の歴史教科書が、デモを鎮圧した東の権力者の行動を正当化しかねない事実は無視ないしは軽視するという冷戦時代の姿勢を保ってきたことを示唆しているであろう。

『探検・歴史』に関して注目すべきは、反省的な姿勢を二つのドイツに対して要求している点にある。両国を比較する節——第三・四・七・八節——の記述を支えているのは、西と東の本質的なところでの類似性の強調である。たしかに、両国の政治経済体制は異なっており、また経済力にも大きな差があった。そのことが、余暇の過ごし方や女性の社会的地位といった具体的な局面において違いをもたらしていた。

しかし、両国は冷戦という共通の国際環境の中で、密接に結びついて併存していたのである。そのうえで、この教科書では、同一の観点に基づく差異を言語化することが統一ドイツの視点に基づく歴史像を構築する第一歩なのであり、また今日の生徒に求められることだと考えられている。これは、西を正常、東を異常と見るのではなく、両国を冷戦によって生み出された一対の存在として把握することを目指していると言ってよいだろう。

しかし、クローゼによれば、この教科書が示すような東西間の対話を進めようとする意識は、二一世紀のドイツにおいても必ずしも一般的ではない。

そもそも西部地域では、歴史家も生徒たちも東ドイツに無関心であり、他方、東部地域では、とくに教員を含む大人世代のあいだに過去には触れたがらない傾向が顕著だという。そこでは、歴史の授業は事実上、第二次世界大戦の終結まででで終わってしまうことが多いというのである。こうした東部の傾向は、否定された過去を振り返りたくないという統一後に形成された心情の表れであると同時に、現代史は常に権力者によって都合よく書き換えられるものにすぎないという社会主義時代あるいはそれ以前から続く一種の政治不信あるいは諦念、つまり社会の現実から逃避するメンタリティを反映していると言えるだろう。

つまり、東部の声が生かされた教科書が求められているということと、そうした教科書が実際に活用されるということは、別なのである。その一方で、彼女は、東ドイツ時代を知らない今の東部の生徒たちは、むしろ西ドイツと東ドイツの両方についてもっと詳しく知りたいという気持ちを持っていると見ている。今日の東部ドイツの学校は、過去についての正確な情報を知りたい、そして伝えたい人びとと、それを封印し風化させることを望む人びととのあいだでの綱引きが続けられる場となっているのである。

これまで、ドイツ統一は旧東ドイツにおける過去への取り組みの諸問題を明らかにしたこと、ならびにその過程では旧西ドイツの歴史教育もまた改めて批判的な検証を受ける必要が浮かび上がったことを、学校教育とりわけ教科書に注目して確認してきた。しかし、歴史政策の場は教室の内部にとどまるものではない。東西ドイツには、戦前・戦中と戦後とを結ぶ第一級の教材として強制収容所に代表されるナチス関連施設が残されていた。それらを歴史教育に利用するのか否か、利用する場合には、どのような意図をもってするのか？　政治教育としての歴史教育を問う際、これらの施設への施策を視野の外に置くことは考えられない。

追悼施設教育

ナチズムの犠牲者を追悼する場所は、学習の場である。犯罪が行われたその場所でこそ、一つの問いが喫緊なものとなる。すなわち、どうしてこのようなことが起きてしまったのか、と。追悼施設での学習は、記憶を保つ試みである。それは全ての教育者に、過去への批判的な取り組みの契機を提供する。心理学者のバウリードル(Thea Bauriedl)はその著書『生命を危険にさらすこと』のなかで次のように記している。「人は理解しなかったことを繰り返してしまう。過去への真剣な取り組みとは過去とともに生きることを意味し、それが、いかなる集団的メカニズムが過去において私たちを破滅へと導いたのか、そして今日もそうなのかを理解する機会を与えてくれる。[57]」

追悼施設での教育の実践家でもあり、また研究者でもあるエントリヒ(Stefanie Endlich)とルッツ(Thomas Lutz)は、ベルリン政治教育センターの委託でまとめた追悼施設ガイドブックの中で、このように追悼施設教育(Gedenkstättenpädagogik)の意義を要約している。

こうした追悼施設のカテゴリーには、かつての強制収容所や絶滅収容所、障害者などが「安楽死」させられた場所、戦争捕虜収容所、その他のナチスの暴力機関の監獄や迫害施設、加害のイデオロギーを示す場所(一九四二年、ユダヤ人問題の「最終解決」を決議したヴァンゼー会議の家など)などに設けられたもののほか、抵抗運動の場所やかつてのユダヤ人の生活の中心地(たとえばシナゴーグ)などに設けられた施設も含まれる[58]。

なお、このような大規模な追悼施設の他に、ドイツを中心としてヨーロッパ各地に無数の小さな追悼碑やプレートなどが設置されている。第二章で紹介した連邦政治教育センターによる政治教育コンクールは、このような追悼碑を設置する際の記憶をめぐるポリティクスをテーマ化するものであった。さらに学校の生徒を中心とする学習者に、自ら新たなプレート等の設置を進めさせることも、そのポリティクスを実際に体験する学習活動として——その過程では様々な記憶を持つ人びととのあいだで碑文の文面を調整するなどの作業が必要になり、身をもって歴史をめぐるポリティクスを体験できるとして——高く評価されている。

ファウレンバッハは、こうした施設が持つ三つの課題を確認する。

第一に、まさにナチス体制の犠牲者に対する個人的および公的な追悼の場であること。第二に、そこで起きた出来事を様々な視点から学問的に記録すること。そして第三に、そこを訪れた人びとが自発的に過去に向き合うよう促すこと、である[59]。

さらに彼によれば、これらの施設においてこそ、私たちはナチス犯罪の記憶とどう向き合うべきなのか？　という根本的な問いに最もよく取り組むことができるという。明確な答えが存在せず、だからこそ真剣に取り組む必要がある問いに対して、事実が起きた場所、いわゆる「記憶の場」は特別な教育的意味を持っているというのである。

エントリヒとルッツのガイドブックは、ベルリンとブランデンブルクに位置する一三の施設を紹介しているだけだが、バイエルンのダッハウやハンブルクのノイエンガメなど、ドイツ各地に同様の施設が存在しており、追悼施設教育は二一世紀のドイツにおいて政治教育としての現代史教育の一つの核となっている。ダッハウだけでも、教室単位あるいはその他の青少年団体の訪問が年間で約六〇〇

図 18　ベルリンの老舗百貨店 KaDeWe の前に設置された強制収容所の名前を記したプレート．「私たちはこれらの恐怖の場所を決して忘れてはならない」

〇件にのぼる。[60] また、施設を訪れる生徒に対する教育活動だけでなく、追悼施設での学習の効果を高めるため、とくに引率する教員に対する事前の研修や教材の開発にも力が入れられている。

そのほか、追悼施設教育として、一週間程度の課外授業でアウシュヴィッツのような外国の施設にまで出かけることも稀ではない。そこでは、姉妹校提携をしている現地の学校の生徒などとの交流も行われることになる。

また、学校教育を離れれば、とくに兵役の代替勤務として、このような外国の追悼施設でガイドや資料整理にあたるドイツ人青年もおり、記憶の保存のために働く彼らは、たとえば現地のポーランド人などから賛美の目をもって見られているという。[61]

しかし、少なくとも西ドイツにおいてこうした追悼施設教育の重要性についての認識が一般化したのは一九八〇年代のことである。そもそも一九五二年にかつてのプレッツェンゼー監獄に追悼所が作られるまで、ドイツにそのような施設は存在しなかった。終戦の翌年にアウシュヴィッツに博物館が設けられたのとは対照的である。しかも、そのベルリンのプレッツェンゼー追悼所は主として反ナチ運動のために殺害されたドイツ人を主に念頭においた施設である。[62] 彼らの追悼は、かつての政権に対する抵抗運動に連なろうとする姿勢を示し、新しい国家のアイデンティティを明らかにすることにはなるが、それは自分たちによる犯罪に直接的に目を向けるものではない。

国内に位置するかつての強制収容所として、最初にダッハウに追悼施設が設けられたのは一九六五年である。これは、五九年から六〇年にかけてドイツ各地で起きたハーケンクロイツ落書き事件により、ナチズムへの取り組みの不足が問題視されるようになって、ようやく追悼が持つ政治教育的な意

図19 プレッツェンゼー追悼施設入口

味が本格的に認識されるに至ったことを示唆している。

とくに学校での歴史教育に関する限り、五〇年代の西ドイツの歴史教科書では、ナチズムの責任はヒトラー一人に負わされており、それにより伝統的エリートを含む国民の責任が不問とされていた[63]。その意味で、一連の事件は、全体主義論の下でナチズムをヒトラー主義に矮小化し、その上で反共主義と結びつける形で進めてきた戦後初期における西ドイツなりの民主主義建設の試みが挫折した様子を、象徴するものだったと言えるだろう。

さらに、ダッハウについて言えば、そこに追悼施設を建設することを求めたのは、連邦政府でも、それが位置するバイエルン州政府でもなく、かつての収容者が一九五五年に解放一〇周年を記念して再結成した国際ダッハウ委員会(Internationale Dachau-Komitee)だったということも確認されなければならない。

なお、ダッハウの強制収容所は一九四五年四月二九日に解放されたあと、アメリカ軍によって接収され、四八年までナチス裁判に利用されていた。また返還後は、東欧諸国を追われたドイツ人難民の一時収容施設として使用されている。このあいだに、強制収容所当時のバラックには多くの手が加えられ、同時に、強制収容所の記憶そのものも急速に風化していった。

そのため、一九六五年に追悼施設をオープンするに際しては、残されていたバラックを撤去し、代わりに内部を含めて当時の状況を再現する建物が改めて建設されなければならなかった。また、解放以来、強制収容所時代の実物は収集・保存がなされてこなかったため、写真を引き延ばしたパネル展示が中心とならざるを得なかったという。[64]

この追悼施設の費用は基本的に州政府が負担し、またバイエルン教育省は当初より州内の生徒にダッハウを見学するよう薦めていたが、実際には初期の訪問者の四分の三はアメリカ人を中心とする外国人で占められていた。ヨーロッパ史の知識を持たない大半の訪問者は、ダッハウが最初はナチスに敵対するいわゆるドイツ人政治犯の収容施設として作られたことも知らず、アウシュヴィッツのようなユダヤ人の虐殺装置としてそれを見ていたという。そこで実際に収容されていた人びとについて、また彼らの実際の生活について知ろうとする気持ちは、必ずしも高くなかったのである。

教室単位、あるいはその他のグループで多くのドイツ人青少年がダッハウを訪れるようになるのは七〇年代半ばのことであり、それとともに、ようやく彼らに適した教材が必要だとする認識が高まっていった。[65]このころ、追悼施設教育への取り組みがようやく動き出したと言ってよいであろう。それでも八〇年代までは、追悼施設での教育活動は、歴史修正主義に対抗して実際に大量虐殺という犯罪が起きたという事実そのものを伝えるのが目指されている段階であり、強制収容所の現実がどのようであったのかを明らかにすることに関心が向かうのは、九〇年代に入ってからである。

また、ダッハウの追悼施設を支えるバイエルン州政府からは、一九八六年の時点でさえ、シュトラウス(Franz-Josef Strauß)首相の次のような発言が聞かれた。

われわれは過去にけりをつける道を一歩一歩着実に進まなければなりません。なぜなら永遠の過去の克服が長期にわたる贖罪という社会的課題となるとき、それは国民を萎縮させてしまうからです。[66]

図 20　ザクセンハウゼン追悼施設を訪れたベルリンの生徒たち

バイエルンは飛び抜けて保守的な土地柄で知られ、このキリスト教社会同盟の党大会での発言も、ドイツ全体から見れば、責任ある立場にある人物の発言としては例外的なものと考えられる。しかし、こうした感覚がドイツの保守層のあいだで一定の支持を得ていることもまた否定できない。ファウレンバッハによれば、「追悼施設は、近代世界において文明という表層がいかに薄いものかを自覚させてくれる」場所だが、[67] シュトラウスの右の発言は、まさに、このような追悼施設教育を積極的に支える人びとの層の薄さを暗示していると言ってよいだろう。

このように、西ドイツではとくにその初期において強制収容所は忘れられがちな存在であり、そこでの教育は八〇年代以降にようやく本格化したにすぎない。そして、こうした展開は、旧体制の過去に対する批判的な取り組みとしての啓蒙的な歴史教育の発展に対応している。その到達点はたしかに注目すべきものだが、それは戦後ずっとそうだったわけではないのである。

一方、東ドイツの状況は異なっていた。反ファシズムを掲げる東ドイツでは、西のダッハウよりも一足早く、ブーヘンヴァルト（一九五八年）、ラーフェンスブリュック（一九五九年）、ザクセンハウゼン（一九六一年）に国立警告・追悼施設が設立され、それらは教育の場として明確に位置づけられた。これらの施設は国民教育省の下に置かれ、そこでの教育活動は実質的に社会主義統一党の歴史理解に沿って進められた。

そもそも東ドイツでは、西ドイツ以上に各地に、ドイツ共産党と社会主義統一党の指導者を讃える記念碑が設置されていた[68]。これは、それだけ、そうした施設の教育的価値が重視されていたことを示している。

それらの施設の教育上の目的について、ラーフェンスブリュック警告・追悼施設の所長はドイツ統一前に次のように述べていた。

> 我が国における国立警告・追悼施設の主たる課題は、社会主義的な歴史意識の形成に貢献することである。歴史意識が、一人ひとりの行動の意味を歴史の中で把握することを可能にし、階級的な姿勢をもたらすのである。ここで重要なのは、今日では自明となった社会的成果を全員に意識させることである[69]。

つまり追悼施設教育は、社会主義的な歴史意識の形成を目標としている、というのである。ブラン

図21　旧東ベルリンに今も残るドイツ共産党党首テールマンの像

デンブルク追悼施設基金において東ドイツの追悼施設について調査したレオ(Annette Leo)によると、右の三施設での教育活動は、社会主義統一党中央委員会と、ほとんどがその党員から構成された反ファシズム抵抗闘士委員会が作成した共通の教育綱領に基づいて行われてきたのであり、展示にも施設の研究員の意見が反映される余地はなかった。[70]

追悼施設が提供したのは、東ドイツにおける公式の反ファシズムの歴史理解、つまりナチズムと資本主義に対する共産主義の勝利の物語である。

とくに、アメリカ軍の到着の直前に、武装した収容者が自らを解放したとされたブーヘンヴァルトは、共産党員を中心とする反ファシズム闘争のシンボルとして機能することを求められた。

なお、そこでは解放から一週間後の一九四五年四月一九日には、収容所で死んでいった者のための追悼碑が置かれ、各国の共産党員を中心とする国際収容所委員会(Internationales Lagerkomitee)の手で追悼式典が開かれていた。この時すでに、死者は「野蛮との戦いで命を落とした同志」と単なる「ファシズムの犠牲者」に二分され、式典そのものは軍隊が勝利を讃える形式で進められている。つまり、特別な闘争をせずに命を落とした普通の犠牲者も完全に忘れられているわけではないが、主な追悼の対象は収容所で戦った同志なのである。

　そして解放された共産党員は次のように誓った。「われわれの合言葉は、ナチズムの根絶である。平和で自由な新しい世界の建設がわれわれの目標である。われわれは殺されていった人びととその家族に対して責任を負っているのだ」[71]と。

図22　ブーヘンヴァルト追悼施設(元収容所入口)

　ここで言う「ナチズムの根絶」とは、終戦を直前にひかえた時点においても、ナチス政権の打倒にとどまるものではなかった。それを根から絶つためには――資本主義を廃棄して――社会主義社会を建設することが必要とされたのである。

　そして、この誓いは一九五八年にも繰りかえされることになる。巨費を投じて建設されたブーヘンヴァルト国立警告・追悼施設は、その建築においても、ナチズムの闇から社会主義の勝利に至る道をモニュメンタルに表現するものとされた。そこで表象されたのは大量の犠牲者ではなく、闘争の勝利者である。こうした基本姿勢からは、ユダヤ人その他の迫害された人びとは視界の外に立たざるを得ない。

　一九六一年に発せられた国立警告・追悼施設規定は、ブーヘンヴァルトに対して、以下の七点を明らかにするという課題を与えていた。

a　迫り来るファシストの脅威に対するドイツの労働者階級と全ての民主主義勢力の闘争

b　犯罪的なナチス体制に対する最強かつ指導的勢力としてのドイツ共産党の役割

c　一九三三年から四五年におけるドイツおよびヨーロッパ諸国における反ファシスト抵抗運動

d　収容所における親衛隊によるテロと人命の軽視

e　親衛隊のテロに対するヨーロッパ各国、とりわけソ連の収容者の力を合わせた闘争と、収容所に解放をもたらしたこの闘争における国際連帯が持つ特別な意味

f　西ドイツで生き残ったファシズムと軍国主義

g　ドイツ民主共和国が担う歴史的使命[72]

この規定が示唆しているのは、これらの施設は、そもそも犠牲者の追悼を目的としていなかったということである。七項目のなかで、強制収容所における事実と関係するのはdとeにすぎず、しかもそれらは犠牲者に注目するものではない。さらに他の五項目は、東ドイツの国家体制の正当化こそが主たる課題だったことを明瞭に示している。

また、この施設を建設する際にまだ残っていたバラック等の建物は、以前から追悼施設の建設を訴えていたナチス体制被迫害者協会の意向を無視してほとんど撤去された。レオによれば、博物館での展示もきわめて不完全かつ恣意的なもので、ブーヘンヴァルトだけでなく、ザクセンハウゼンやアウ

シュヴィッツなど各地の収容所の写真が混じって展示されていたという。そしてユダヤ人やシンティおよびロマの人びと、同性愛者その他に対するナチスの人種主義さえ、そこでは付随的なものとして扱われ、なによりも共産党員の抵抗運動に焦点が当てられていた。[73] すなわち、ここでは訪問者に収容所における事実と向き合うよう促す意図は存在せず、社会主義の成果の歴史的意義を裏付けるために——言い換えれば学習効果を高めるために——、一般的な悲しみの感情を喚起することが目指されていたにすぎないと言える。

レオは、ブーヘンヴァルトを「現実の社会主義国家とその反ファシズムの遺産が共生する巡礼地」と評しているが、そこでは毎年、社会主義統一党の幹部によって、反ナチ抵抗運動から東ドイツの現在に至るドイツの進歩的伝統を祝う式典が大規模に行われた。また青少年に対する教育機能としては、とりわけピオニール組織の儀式に活用された。当時のザクセンハウゼン警告・追悼施設のパンフレットには、次のように記されていたという。

反ファシストたちが粘り強く戦ったその場所において、生徒は、なぜピオニール組織が「エルンスト・テールマン」という名前なのか、またピオニール組織の一員であることから、どのような課題と義務が生じるのかを自覚することが求められる。[74]

ブーヘンヴァルトで殺害されたドイツ共産党党首テールマンにちなんだ名称をもつピオニールにとって、[75] これらの追悼施設は最適の教育の場だったのである。

東ドイツにおける追悼施設教育は、過去を体制強化のための儀式に利用するだけで、それと向き合う姿勢、過去の事実について積極的に知ろうとする姿勢を妨げるものだったと言ってよいだろう。それが提供したのは、科学的な法則にのっとった進歩を証明する社会主義という世俗の救済の物語であり、とくに進歩について語るためにはホロコーストのような文明の崩壊からは、むしろ目を逸らす必要があった。それは、ナチズムの邪悪さを語る際にのみ触れられれば良かったのである。

そもそも警告・追悼施設の計画段階で、社会主義統一党員以外で実際に収容されていた人びとは、準備作業から排除されることになった。とくに一九五三年には、信仰などの様々な理由から抵抗運動を進めた人びとの団体を束ねて一九四七年に創設されたナチス体制被迫害者協会が解体され、代わりに社会主義統一党の幹部からなる反ファシズム抵抗闘士委員会が設立されている。そして彼らが警告・追悼施設の内容に対する発言権を独占することになるのである。これは事実上、迫害と抵抗運動の記憶から社会主義統一党員以外の経験が排除されたことを意味する。

警告・追悼施設で実際に説明にあたるスタッフも、一九七〇年代に至るまで、ほとんどが社会主義統一党員の強制収容所経験者であった。彼らには、自らの経験に基づき、過去の事実について展示に欠落している情報を補う可能性もあったが、そもそも元共産党員の経験は人種的理由により迫害を受けた人びとのものとは異なっていた。

さらに彼らは、自分が受けた迫害についても一般に語りたがらなかったと言われる。誰も積極的に当時のことを話さない風潮のなかで、話しても信じてもらえないのではないかといった不安を彼らは抱え、さらに、そうした内容はナチスに対する英雄的な闘争という国家の公式の物語に相応しくないと感じられていたという。[76]

ようやく八〇年代に入ると、収容所を体験した世代が施設を去り、大学で歴史学を学んだ若いスタッフが増えるに従って、収容所の事実に対する関心が芽生えて来る。そして当時の収容者に対する聞き取り調査が開始され、研究報告書もまとめられるようになった。

このようなプロセスは、既に確認した八〇年代におけるホロコースト研究の発展とも並行していると考えられる。こうしたなか、アメリカとの関係改善を目指す東ドイツ政府は、一一月ポグロム五〇周年を機に、西ドイツと同様に加害者としての責任を確認した。

しかし、ヴォルフルム(Edgar Wolfrum)によれば、このとき戦前以来の反ファシズムの伝統という東ドイツの歴史政策の核が崩壊したことが、党のエリートたちに国家存続への疑念を抱かせることになったのだという。[77]そして実際に、新しい研究成果が訪問者に分かる形で展示に反映される以前に、東ドイツの追悼施設教育はその国家とともに活動をやめてしまった。ここでも東ドイツ内部における改革の動きは、国家消滅に間に合わなかったのである。

さらに東ドイツの消滅を待つことなく、すでにその動揺が明らかとなった時点で、もう一つの問題が持ち上がっていた。それは、ブーヘンヴァルトが戦後のソ連占領時代に第二特別収容所(Spezial-lager Nr. 2)として使用されていたことをめぐってである。

連合国はポツダム協定において、占領軍の安全を脅かす危険のある人物を、それぞれの占領地区に設置する収容所に拘束することで合意しており、その際には、かつての強制収容所も使用した。

そして一九九〇年一月に、国立警告・追悼施設の付近で、大量の埋葬された遺体が発見されたところから、それまで東ドイツにおいて隠されてきた真実を明らかにするよう求める声が高まることになった。

具体的には、かつてそこに収容されていた人びととその家族は、ソ連占領時代の収容所の歴史も、ナチス時代の強制収容所の歴史と合わせて表象するように――つまり追悼施設で展示するように――要求した。この要求は、とくにキリスト教民主同盟と『ビルト』紙などの保守系メディアによって支持されることになる。そして当時のコール首相は、一九九一年六月にブーヘンヴァルトを訪れた際に、ナチス被害者だけでなくスターリニズムの犠牲者をも追悼の対象に選んだ。

しかし、こうした動きに対しては、ユダヤ人団体や欧州議会がナチス犯罪を相対化するものとして批判的な姿勢を示したほか、何よりも、ナチス時代の収容者によって形成され、東ドイツ時代は社会主義統一党の支持も得ていた国際収容所委員会が、ナチズムとスターリニズムを同列に置く全体主義論であるとして激しく反発する。彼らによれば、保守派の主張は、ネオナチに新たな聖地を提供するようなものであった。

そしてこの危惧は、一九九四年一一月に当時の国家民主党代表でホロコースト否定論者として知られるデカート(Günter Deckert)がブーヘンヴァルトの公式訪問を計画する――このときは追悼施設側が立ち入りを禁止して阻止――という事態として現実のものとなる。

一方、保守系メディアは、追悼施設関係者の東ドイツ時代の過去――とくにシュタージへの協力――を理由に、彼らの解雇を求めるという戦術に訴えていった。これにより、同施設の理事会メンバーのなかで唯一の東ドイツ出身者であり、東ドイツの歴史学の問題点を告発してきた歴史家グレーラーも辞任に追い込まれている。[78]

事態が政治的に紛糾する一方、実際には東ドイツが消滅する前の時点で、すでに国立警告・追悼施設はソ連占領時代の収容者から話を聞き、事実を明らかにする作業を進めていた。また、ブーヘンヴァルトが位置し、追悼施設を東ドイツから引き継いだテューリンゲン州政府は、一九九一年にシュトゥットガルト大学のイェッケル(Eberhard Jäckel)を委員長とする歴史家委員会を発足させ、追悼施設の新たな運営指針の作成を委ねた。

テューリンゲンにおける政治的対立を離れて中立性を保つために西側の歴史家によって構成された同委員会が、三度の会議を経て一九九二年に示した結論は、第一に、追悼施設はナチス時代の強制収容所とソ連占領時代の収容所の両方を展示すること、第二に、しかし中心はあくまでもナチス時代の強制収容所に置くこと、第三に、強制収容所の記憶と戦後の記憶は空間的に明確に分離されるべきこと、であった。当然、すでに開始されていた一九四五年から五〇年にかけての状況についての調査をさらに進めるのが前提である。[79]

そして実際に、この勧告に従う形で一九九七年に第二特別収容所資料館がブーヘンヴァルトに新たに開館することになった。

具体的な展示は、一九九〇年以降、モスクワのロシア連邦国立文書館の協力のもとで進められた書類の分析のほか、当時の収容者に対する聞き取り調査に基づく形で構成されている。展示された内容は多岐に渡るが、統一後のドイツでとくに大きな政治的意味を持ったのは、ソ連の収容所が本来は非ナチ化を意図しており、実際に、その収容者の八割はナチス関係者だったという指摘であろう。これは、自らはスターリニズムの犠牲者であると主張する元収容者にとって受け入れ難いものだった。[80]

他方、当然のことながら、今回の調査は特別収容所の状況が非常に過酷なものだったことを明らかにした。拘束は恣意的に行われた部分もあり、なによりも五年間のあいだに収容された約二万八五〇〇人のうち、四分の一にあたる七〇〇〇人あまりが飢えと病気のために死亡している。これは、西側戦勝国の管理下にあった同様の施設における死亡率が収容所の外の一般市民と同じ程度だったことと比較するとき、異常に大きな数字である。

さらに西側の施設と違って、ソ連の特別収容所では外部との通信は認められず、収容者の死亡は家族にも知らされなかった。収容所の悲惨な状況についても秘密が堅持され、収容者のうち死者の埋葬にあたった人びとは、東ドイツ独立の翌年に収容所が廃止される際、解放されることなく、ソ連に送られている。また、同じときに東ドイツの司法に委ねられた三四〇〇人以上についても、きわめて簡単な裁判により二四%が死刑を宣告され、さらに懲役刑となった多くの人びとも、劣悪な環境の刑務所に詰め込まれたことにより、数百人が結核などで死亡した。

展示は、そのほかに、ソ連の特別収容所については西側でも知られており、それは冷戦下においてプロパガンダに利用されていたことを確認する。特別収容所は階級の敵の抹殺を図るもので、ナチスの絶滅収容所に匹敵すると宣伝されていたのである。その一方で、六〇年代に緊張緩和政策が開始されると、西ドイツではかつての特別収容所に対する関心が急速に低下したとの指摘もなされている。この展示は、東ドイツで隠されてきた事実を明らかにすると同時に、その隠蔽を指摘することによって、これまで見逃されてきた東ドイツに対する批判者の問題の多い姿勢にも光をあてるものとなったと言えるだろう。

これまで見てきたような強制収容所とソ連時代の特別収容所の歴史、そしてそれをめぐる政治的対立が意味するのは、冷戦時代はもちろん、それが終わっても、これまでに形成された政治的対立の構造が歴史認識と結びつく形で尾を引いているということである。

とくに保守派が――彼らの目から見てもはや共産主義の脅威など存在しないにもかかわらず――政治的武器として再度取り出してきた全体主義論が、東部ドイツの人びとから自分たちの過去に対して批判的に立ち向かう余地を奪い、結果的に彼らを反西側の姿勢で結束させただけではない。それは論理的には共産主義だけでなくナチズムをも否定するはずだが、その強力な反共主義のために、現実には右翼急進主義を支援してしまう部分がある。

東部ドイツに広まった右翼急進主義の原因は、まずは東部における社会の現状とその過去に求められるべきである。旧東ドイツ時代におけるナチズムへの取り組みに問題が大きかったことは間違いない。

しかし、緊張緩和の時代にはいくぶん控えられていた社会主義統一党に対する感情的な批判が、統一以降、とくに後継の民主社会党に対して噴出し、その結果、一九五〇年代に東西ドイツ間に存在したような対立状況が東部の中で再生されてしまったことを見逃すわけにはいかないだろう。これは、八〇年代の西ドイツにおいてかろうじて成立した反右翼急進主義コンセンサスが、とくに東部ドイツでは（選挙戦の）犠牲にされてしまったことを意味する。世紀転換期のドイツにあって、東部における民主主義の未発達を指摘する西部の政治家やマスメディアにとっては、実は東部に民主主義を確立するよりも、そこでのシェア獲得競争に勝利することの方が重大な関心事だったと言わなければならない。

歴史教科書ならびにブーヘンヴァルトの例が示しているのは、西部の少なくない知識人が、異なる歴史を持つ他者としての東部の人びとをともすれば軽視してきたということである。西部の歴史家は東部の同僚に耳を傾けることなく教科書を書き続ける傾向があり、また西部のマスメディアは自発的に進められる東ドイツの過去への追及に不信感を抱きがちである。東部地域における過去の克服と民主化を旗印に掲げる西からの働きかけが、現地の人びとの支持を得られず、期待された効果を持つにいたっていない最大の原因がここにあるのは間違いないものと思われる。

東側ブロックの崩壊という世界史的な混乱のなか、ドイツ統一はEU統合を進めるような合理的思考によってではなく、むしろナショナルな原理をもって実行された。この経緯に、すでに他者に対する感覚が欠落する要因があったとも言えるだろう。ナショナリズムこそは、右翼急進主義に対する取り組みを中心に、西ドイツの政治教育が克服を目指してきたものだが、統一は、その努力がなお不十分だったこと、そしてドイツの政治教育は、その到達点を相対化あるいは再検討することなしには前進が困難な状態にあることを明らかにしたのである。

クローゼの教科書に象徴されるように、未来に向けた希望は存在している。しかし、その開花を確認するには、しばらくの時間が必要である。

おわりに
――ドイツの政治教育が語りかけるもの――

ドイツの政治教育は、その現代史と深く結びついている。

この一〇〇年に満たないあいだにも、ドイツとりわけ東部に住む人びとは四度もの体制転換を経験してきた。第一次大戦の敗戦にともない帝政からワイマール共和国に、続いてナチスの独裁制に、第二次大戦後にはソ連による占領を経て社会主義体制に、そして西ドイツに併合されるなかで議会制民主主義に、である。

これらの各時代において、政治教育はその時々の政治体制と結びつきながら実行されてきた。そして政治体制と教育との緊密な結びつきという基本的な構造は、今日も変わっていない。戦後の政治教育は、過去への反省に基づきながらも、むしろ反省するからこそ、現実の政治にコミットすることになる。

これまで見てきたような政治教育活動の実際の効果ないしは社会的影響力を客観的に評価するのは難しい。政治教育学者のヴェーニガー(Erich Weniger)の言葉を借りれば、「正しい政治的行為は、決して単に正しい政治教育の結果だけではない」[1]のである。

それでも、たとえば一九九九年に実施された国際教育到達度評価学会による政治教育に関する調査は、この点に関して興味深いデータを提供している。[2] 二八カ国の一四歳の生徒を対象としたこの調査(日本は不参加)で、アメリカの生徒が自国の政府とマスメディアを非常に信頼しているのに対し、ドイツの生徒は参加国中で最も懐疑的なグループに属していることが明らかになった。この「信頼」は一般に発展途上国や旧共産主義諸国で高く、西欧民主主義諸国で低くなる傾向があることから、こうした調査結果は、ドイツの政治教育が少なくとも批判的姿勢の育成という点で、相対的に評価すべき成果をあげている様子をうかがわせるものである。

さらに根本的には、(西)ドイツの民主化プロセスのなかでは——保守派からの抵抗にもかかわらず——、真実、責任、加害者と被害者、罪と贖罪といった言葉が、文学や哲学はもちろん政治と社会のなかでも重要な位置を占めてきたということ、[3] そして、そのような環境下で政治教育とその学が発展したこと自体を評価すべきであろう。かつてナチズムを生んだドイツが、今日、世界的に見ても安定した平和で民主的な社会を形成しているという現実と、戦後の政治教育とは言わば一体のものである。

こうした旧西ドイツの政治教育は、統一後には東部地域において模範として位置づけられた。しかし、それは未だ期待された役割を果たしていない。そこでは、政治教育が歯止めとなるべき右翼急進主義の拡大によって、ますますその必要性が明らかになりつつあるという段階である。むしろ西の体制政党に対する支持率の低下という東部で顕著な傾向が、西部における政党支持の流動化現象と共鳴するような事態となれば、ドイツの政治教育の成功物語も、一つの歴史として語られるようになるかもしれない。

このように、ドイツの状況を楽観視・理想視することには慎重でなければならない。しかし、そこには日本とは異なる考え方が存在するのであり、私たちが民主主義を追求するのであれば、その差異を認識するところから得られるものは多いであろう。

ドイツにおいて注目すべき第一は、なによりも政治教育という言葉が意識的に使用され、その活動が公的機関によって進められているという事実である。政治教育を忌避することが何を結果するのかは、すでに明らかであろう。民主主義や人権といった、政治を支え、またそれが追求すべき価値よりも、日の丸・君が代に代表される文化的シンボルへの忠誠心が要求されているのが日本の現状と言わなければならない。文化が政治に優越するところでは、政治的教化が正当化されるのである。

より具体的には、政治教育という言葉が占める地位の差は、歴史教育その他の関連する教育活動の性格の違いとなって表れている。日本の歴史教育は、果たしてどれだけ民主主義に貢献しているだろうか。現実に政治的な教育効果を持っている国語教育や芸術教育はどうであろうか。

政治教育について正面から考えようとしてこなかった日本は、旧西ドイツよりもむしろ体制の違いを越えて旧東ドイツと多くの共通点を持つに至ったと言っても言い過ぎではないように思われる。両国とも、いわゆる民族的な伝統文化に基づく愛国心を国家運営に動員することに熱心な一方で、政治教育はもちろん民主主義そのものが十分に機能しないなかで、政治に対するシニカルな感覚が広がるのを放置してきたのである。

第二に、啓蒙という姿勢に対する評価の違いを改めて確認する必要があろう。ドイツの政治教育は目標として啓蒙を掲げ、社会に対する批判的な認識と倫理的思考に裏付けられた民主主義の能力、つまり普遍的価値に基づく民主的な判断・行動能力を市民一人ひとりが獲得するよう促してきた。

こうした発想は、日本には乏しいと言わなければならないだろう。たしかに戦後初期の時点では、日本にも民主主義の発展を目指す教育を真剣に追求する人びとが少なからず存在した。その流れは次第に細くなってきたとはいえ、今日も途絶えてはいない。しかし、そのような戦後教育改革の思想を引き継ぐ社会科を中心とする政治的な教育は、基本的に生活経験に即した学習を組織することによって実践的な民主主義の文化を形成しようと試みるものである。子どもの生活への注目は、政治的成熟を目指す教育にとっても方法論上は重要だが、それ自身をもって民主主義的な政治教育の鍵とすることには無理があろう。世界市民でもある有権者は、自分で直接的には経験できない多くのことがらについて、責任ある判断を下さなければならない。

第一章で論じたように、ドイツでも戦後初期にはアメリカ進歩主義教育学の影響下で、日本と同様の社会科(あるいは共同体科)の思想が支配的だった。しかし時間とともに、そのような政治教育は非民主的な社会を温存しがちであると指摘され、より批判的な形へと修正されていく。このプロセスが日本では十分に作動しなかったのである。

ここでは、政治教育の忌避という社会全般の問題のほか、日本の教育学研究において啓蒙という言葉がたとえばコロニアリズムとの関連で理解されるなど、むしろ保守に対するレッテルとして利用されてきたことを思い起こすことが有意義だろう。そもそも近代民主主義には、ピューリタン集会のような自発的共同社会を原型とするイングランド型と、世俗的な啓蒙主義的理性を重視するフランス型があるとされるが[4]、右のような啓蒙に対する姿勢の違いは、戦後日本が前者を、ドイツが後者を選択したことを示していると考えられる。

二つの民主主義のあり方には一長一短があり、どちらかが決定的に優れているというわけではない。しかし、ドイツにおけるデューイの教育論の受容が象徴するように、現代史が示しているのは、アングロサクソン系の民主主義理解に基づく政治教育にも、ナチズムと親和的だった面があるということである。そしていま、私たちの経験はもちろん共同体のイメージさえもがマスメディアによって支配されるなかで、民主主義をポピュリズムによる荒廃から守るためには、自らが置かれた現状に対する批判的な認識に裏付けられた啓蒙的理性がますます求められている。日本に政治教育を新たに構築する意義と必然性が、ここにも認められるのである。

そして第三にドイツの政治教育が訴えているのは、政治教育は自分たちの手で作り上げていく以外にはないということである。統一以来の一五年は、西部の制度と経験が東部に民主的な政治教育を形成する際の一助にはなっても、その到達点を移植するのは困難との結論を導いた。さらに根本的には、いま模範とされている西ドイツの政治教育もまた、戦後、アメリカから導入された民主主義教育に自らの手で批判と修正を加える過程で形成されたものであった。政治教育は政治的な働きかけである以前に、市民の政治的意思の表現なのであり、それゆえに重要な政治的意味を持ちうるのである。

　こうした認識は、日本の未来が険しいものとなるであろうことを予感させる。そこでは、アメリカから輸入された民主主義の理想は、さらなる深化を遂げるに至らず、むしろ「伝統文化」の復権という思考から絶えず挑戦を受けてきた。これは、私たちには二重の課題が課せられていることを意味している。つまり、まずは文化イデオロギーから民主主義を守り、同時に、与えられた民主主義を批判的に再構築することが求められているのである。この矛盾とも映る二つの課題を達成する意思と知性の有無が、私たちの民主主義の将来を決めるのであろう。


　筆者がドイツの政治教育について初めて知ったのは、日本でも有名になったドイツ・ポーランド教科書勧告を掲載した連邦政治教育センターの機関誌を目にしたときのことである。それ以来、この機関のことはもちろん、政治教育という言葉がいつも頭の隅にあった。

　ドイツの政治教育はなにを教えているのか？　日本の社会科とどこが違うのか？　こうした疑問に導かれて、これまで文献を読み、またドイツでフィールドワークを進めてきたが、情報を集めれば集めるほど、政治学・教育学はもちろん、歴史学・社会学・哲学・経済学に、また生命倫理や環境問題との関係では自然科学にまで広がるその教育活動を、体系的に理解することは当面不可能と感じさせられることになった。

　そもそも、これまでに蓄積された膨大な研究に加えて、政治教育学が持つ今日の政治的問題に応えるという性格ゆえに、筆者が読んで理解する以上のペースで次々と新しい研究があらわれてくるという現実もある。

このように、自らの知識の不十分を承知の上で本書をまとめたのは、やはりドイツの政治教育は私たちにとって知る価値があると確信するからである。

当然のことながら、これまでに多くの日本の研究者が筆者と部分的に重なる問題意識をもって研究を進めてきており、本書もそれらに多くを負っている。とりわけ宮田光雄『西ドイツの精神構造』(岩波書店、一九六八年)と藤沢法暎『現代ドイツ政治教育史』(新評論、一九七八年)は、二〇世紀前半のドイツの政治教育の諸問題について批判的に捉える貴重な先行研究である。

そのほかにも、政治教育の個別的な側面について、たとえばドイツの政治科・社会科や歴史科のような各教科についての研究、政治教育の方法論についての研究、そしてなによりもドイツの政治教育学者についての人物研究には、相当の研究の蓄積が存在している。これらの個々の研究には多くの学ぶべき点があるものの、日本の研究状況全般に対しては少なくとも二つの問題が指摘されよう。

第一は、本書が取り上げたような人物・対象の多くが、これまで必ずしも政治教育学という視点からは扱われてこなかったということである。たとえば第一章で名前をあげた二〇世紀前半の政治教育学者は、教育思想史研究では主として精神科学的教育学という範疇で捉えられてきた。また歴史教育は歴史教育として、宗教教育もそれ自身として論じられるのが普通である。こうした視野の細分化は、政治教育を忌避する戦後日本社会を反映するだけでなく、その再生産を促してきたのではないだろうか。

第二の問題は、右に掲げた二冊以来、ドイツ政治教育研究には、まとまった著作が現れていないというところにある。たとえば宮田（前掲書）は誰もが認める優れた研究だが、それが扱っているのは六〇年代前半までである。しかしながら西ドイツの社会と政治教育は、その後に大きな転換を遂げた。そして、その新しい政治教育もまたドイツ統一という事態から挑戦を受けているのである。

では右の二つの問題に対し、本書がどの程度に応えられたかと言えば、それは心許ないところである。しかし、ドイツ統一という歴史的な出来事を視野の中心に据えることにより、時間的にも内容的にもますます広がりを見せる政治教育の一面に光をあて、それをもって一つのドイツ政治教育像を構築しようとする意図は、読者に伝えられたのではないだろうか。これは同時に現代ドイツの精神史に取り組む作業でもあり、また私たちの戦後を批判的に振り返る過程をも意味している。

日本を含む世界各地の民主主義と教育のあり方に関心を寄せる読者が、本書から何らかの思考の手がかりを得ることができれば、筆者の目的は達成されたことになる。

＊

最後に、この小著をまとめるにあたり、多くの方から御支援をいただいたことに感謝の気持ちを表したい。

とりわけ、筆者を一四カ月にわたって受入れ、指導してくださったポツダム大学経済社会科学部のベーアマン教授(Prof. Dr. Günter C. Behrmann)、このドイツでの研究を支援していただいたアレクサンダー・フォン・フンボルト財団(Alexander von Humboldt-Stiftung)、さらに今回も教科書の調査に便宜をお図りいただいたゲオルク・エッカート国際教科書研究所(Georg Eckert Institut für internationale Schulbuchforschung)の御助力に、心からお礼を申し上げる。

二〇〇五年八月

近藤孝弘

[付記] 二〇〇五年九月一八日、第一六期連邦議会選挙が行われた。各党の得票率は第二章の注60に記した通りである。社会主義統一党の後継政党である民主社会党と社会民主党を離れた左派グループが結集した左派党が、三年前に民主社会党として獲得した四%から八・七%(西部で四・九%、東部で二五・四%)へと躍進し、他方、右翼急進主義政党の国家民主党もドイツ民族同盟の支援を得て、〇・四%から一・六%へと大幅に支持を増やした点が目を引く。また今回は、七七・七%という連邦議会選挙としては最低の投票率に終わった(これまでの最低投票率は九〇年の七七・八%)。こうした結果は、西ドイツの民主主義を支えてきた政党が保革を問わず支持を減らしつつある状況を示すものと言えよう。統一から一五年を経た今も、とくに東部に数多く見られる自由主義経済から取り残されがちな人びとを統合する、新たな民主主義とそのための政治教育の模索が続いているのである。

■岩波オンデマンドブックス■

ドイツの政治教育　成熟した民主社会への課題

2005年10月25日　第1刷発行
2018年12月11日　オンデマンド版発行

著　者　近藤孝弘《こんどうたかひろ》

発行者　岡本　厚

発行所　株式会社　岩波書店
〒101-8002　東京都千代田区一ツ橋2-5-5
電話案内　03-5210-4000
http://www.iwanami.co.jp/

印刷／製本・法令印刷

ISBN 978-4-00-730832-1　　Printed in Japan

索　引

ア　行

カ　行

索　引

サ　行

タ　行

ナ　行

ハ　行

マ　行

ヤ　行

ラ　行

ワ　行

注

はじめに

(1)　ただし軍事力の行使という点では，1999 年，コソボ紛争の際に NATO 軍の一員としてドイツは域外派兵を行った．中道左派政権が主導し，ハーバーマスのような進歩的知識人も少なくとも一時的に支持したその決定には，民族浄化に象徴されるナチズムの過去を克服するという戦後ドイツを支えてきた国家の思想的基礎が関わっており，これを軽視することはできない．

(2)　2002 年のアメリカ中間選挙における下院議員選挙の投票率は 36%．1968 年以来の高投票率と言われた 2004 年の大統領選挙でさえ 60%にすぎない(2000 年は 55%)．また 2005 年のイギリス下院選挙も 61%ほどだったのに対し，ドイツの国政選挙では年々投票率が低下しているとはいえ，2002 年に 79.1%，2005 年は 77.7%であった．

(3)　ジャーナリストによる NGO「国境なき記者団」による 2004 年の報告書に記された順位は以下の通り(括弧内は 2003 年の順位)．ドイツ：11 位(8 位)，カナダ：18 位(10 位)，フランス：19 位(26 位)，アメリカ：22 位(31 位)，イギリス：28 位(27 位)，イタリア：39 位(53 位)，日本：42 位(44 位)．

(4)　英語では civic education あるいは citizenship education と訳されるが，本書で論じるように，ドイツの政治教育は歴史教育その他を含む広い概念であり，厳密な意味では対応する英語表記を見出すことは難しい．

第 1 章

(1)　Flitner, Andreas, *Die Politische Erziehung in Deutschland. Geschichte und Probleme 1750–1880*, Max Niemeyer Verlag, Tübingen, 1957, S. 16f.

(2)　Sander, Wolfgang, *Politik in der Schule. Kleine Geschichte der politischen Bildung*, Schüren Verlag, Marburg, 2003, S. 17. なおザンダーと異なり，フリットナーは，17 世紀のドイツ領邦君主による義務教育の導入に関し，むしろ経済発展政策の一環としての性格を強調している(Flitner(1957), S. 17)．

(3) Titze, Hartmut, *Die Politisierung der Erziehung. Untersuchungen über die soziale und politische Funktion der Erziehung von der Aufklärung bis zum Hochkapitalismus*, Athenäum Fischer Taschenbuch Verlag, Frankfurt a. M., 1973, S. 179.

(4) Allerhöchster Erlass vom 1. Mai 1889, betreffend die weitere Ausgestaltung des Schulwesens in Preußen, zit. nach Kuhn, Hans-Werner, Peter Massing u. Werner Skuhr (Hg.), *Politische Bildung in Deutschland. Entwicklung-Stand-Perspektiven*, Leske und Budrich, Opladen, 1993, S. 35.

(5) Rede Kaiser Wilhelms II. Auf der Schulkonferenz von 1890, zit. nach Kuhn, Massing u. Skuhr (1993), S. 37.

(6) Staatsbürgerliche Erziehung in der Monarchie, in: Kuhn, Massing u. Skuhr (1993), S. 25f.

(7) ケルシェンシュタイナー，G.／玉井成光訳『公民教育の概念』早稲田大学出版部，1981年，150頁．引用は読みやすさを考慮し，語句の修正を加えてある．

(8) Die Verfassung des Deutschen Reiches (Weimarer Verfassung) vom 11. August, zit. nach Kuhn, Massing u. Skuhr (1993), S. 61.

(9) Leitsätze des Berichterstatters Dr. Paul Rühlmann, zit. nach Kuhn, Massing u. Skuhr (1993), S. 61.

(10) 杉田昇『国家と教育』ミネルヴァ書房，1969年，244–245頁．

(11) 田代尚弘もシュプランガーには「親ナチズム性」があったことを確認している．田代尚弘『シュプランガー教育思想の研究――シュプランガーとナチズムの問題』風間書房，1995年，136頁．

(12) Sander (2003), S. 58.

(13) Roemheld, Regine, *Demokratie ohne Chance. Möglichkeiten und Grenzen politischer Sozialisation am Beispiel der Pädagogen der Weimarer Republik*, Alois Henn Verlag, Düsseldorf, 1974, S. 136.

(14) Stapel, Wilhelm, *Volksbürgerliche Erziehung. Versuch einer volkskonservativen Erziehungslehre*, Hanseatische Verlagsanstalt, Hamburg/Berlin/Leipzig, 1928, 3. Aufl., S. 30. なお初版は1917年，2版は1920年に出版されている．

(15) Ebenda, S. 34f.

(16) Sander (2003), S. 69.

(17) Allgemeine Richtlinien für Lehrpläne an Volksschulen 1939, zit. nach Kuhn, Massing u. Skuhr (1993), S. 96.

(18) Krieck, Ernst, *Nationalpolitische Erziehung*, Armanen Verlag, Leipzig, 1932, S. 116.

(19) Ebenda, S. 1.

(20) カント，I.／篠田英雄訳『啓蒙とは何か』岩波文庫，2003年，7頁．

(21)　Tenorth, Heinz-Elmar, *Zur deutschen Bildungsgeschichte 1918–1945. Probleme, Analysen und politisch-pädagogische Perspektiven*, Böhlau Verlag, Köln/Wien, 1985, S. 135.

(22)　歴史家ホーフスタッター(Richard Hofstadter)は，デューイが，子どもが「考える」ことを軽視したはずはない点を確認した上で，彼のロマン主義的な子ども観に基づく思想上の曖昧さがユートピア志向の教育者に利用されたと指摘する．ホーフスタッター，R.／田村哲夫訳『アメリカの反知性主義』みすず書房，2003 年，312–340 頁．

(23)　Direktive Nr. 54 der Alliierten Kontrollbehörde in Deutschland vom 25. Juni 1947, zit. nach Kuhn, Massing u. Skuhr (1993), S. 124.

(24)　Gagel, Walter, *Geschichte der politischen Bildung in der Bundesrepublik Deutschland 1945–1989*, Leske und Budrich, Opladen, 1994, S. 38.

(25)　Cheval, René, Die Bildungspolitik in der französischen Besatzungszone, in: Heinemann, Manfred (Hg.), *Umerziehung und Wiederaufbau. Die Bildungspolitik der Besatzungsmächte in Deutschland und Österreich*, Klett-Cotta, Stuttgart, 1981, S. 197ff.

(26)　天野正治編『対独アメリカ教育使節団報告書』明星大学出版部，1990 年，20 頁．

(27)　Bungenstab, Karl-Ernst, *Umerziehung zur Demokratie? Re-education-Politik im Bildungswesen der US-Zone 1945–49*, Bertelsman Universitätsverlag, Düsseldorf, 1970, S. 90.

(28)　使節団報告書は次のように述べる．「民主主義は，ドイツ人が考えるように，部分的には政府の形態であるが，それは大部分は生活様式である．……かくして民主主義は，精神的には有害であり，民主主義的には失敗している家庭類型の威信を漸次低下させていくことを学校に期待しているのだと言ってよい」(天野 (1990)，30–31 頁)．

(29)　Sander (2003), S. 93f.

(30)　Sander (2003)，S. 87 および Sutor, Bernhard, Restauration oder Neubeginn? Politische Bildung 1945–1960, in: *Aus Politik und Zeitgeschichte*, B 7/8, 1999, S. 4.

(31)　以下のドイツ政治大学についての記述は，為政雅代「西ベルリンにおける政治学の教育・研究機関の成立」『文化史学』第 54 号，1998 年，151–170 頁，および同「ドイツ政治大学と政治」『帝塚山学術論集』第 10 号，2003 年，37–55 頁，等に基づく．

(32)　国際教科書対話の詳細については，近藤孝弘『ドイツ現代史と国際教科書改善』名古屋大学出版会，1993 年，のほか，同『国際歴史教科書対話』中公新書，1998 年，同『歴史教育と教科書』岩波ブックレット，2001 年，などを参照されたい．

(33)　この本は 1951 年に初版が刊行されたときには，「政治教育の転換点——

教育の課題としてのパートナーシップ(Wendepunkt der politischen Erziehung. Partnerschaft als pädagogische Aufgabe)」というタイトルだったが，再版に際して「パートナーシップ——政治教育の課題」と変更し，より「パートナーシップ」という言葉を強調している．なお，このパートナーシップ教育論については，これまで日本ではドイツ語のまま「パルトナーシャフト教育論」と呼ばれてきたが，パートナーシップの方が馴染み易いと考え，そのように表記することとした．

(34) Oetinger, Friedrich, *Partnerschaft. Die Aufgabe der politischen Erziehung*, Metzlersche Verlagsbuchhandlung, Stuttgart, 1956, S. 36.

(35) Ebenda, S. 85.

(36) Ebenda, S. 3, 157.

(37) Kühr, Herbert, *Politische Didaktik*, Athenäum Verlag, Königstein/Ts., 1980, S. 49.

(38) Schmiederer, Rolf, *Zwischen Affirmation und Reformismus. Politische Bildung in Westdeutschland seit 1945*, Europäische Verlagsanstalt, Frankfurt a. M., 1972, S. 31.

(39) Litt, Theodor, *Die politische Selbsterziehung des deutschen Volkes*, Bundeszentrale für politische Bildung, Bonn, 1967, S. 52–55.

(40) Ebenda, S. 43.

(41) Sander(2003), S. 120.

(42) Oetinger(1956), S. 61.

(43) Ebenda, S. 12.

(44) Grundlegende Einsichten als Ziel politischer Bildung, in: Kuhn, Massing u. Skuhr(1993), S. 172.

(45) Empfehlungen und Gutachten des Deutschen Ausschusses für das Erziehungs- und Bildungswesen: Gutachten zur Politischen Bildung und Erziehung vom 22. 1. 1955, zit. nach Kuhn, Massing u. Skuhr(1993), S. 183f.

(46) Richtlinien für den politischen Unterricht in Hessen. Erlass vom 30. 6. 1949, zit. nach Kuhn, Massing u. Skuhr(1993), S. 154f.

(47) Heer, Franz u. Otto Röhre, *Im Dienste der Gemeinschaft. Ein Lern- und Arbeitsbuch für den politischen Unterricht(Gemeinschaftskunde). Heft 1*, Hirschgraben-Verlag, Frankfurt a. M., 1951, S. 7.

(48) Riemeck, Renate u. Otto Seitzer, *Miteinander—Füreinander. Ein Lese- und Arbeitsbuch zur Sozialkunde für hessische Schulen*, Ernst Klett Verlag, Stuttgart, 1960, S. 5, 106f.

(49) Hilligen, Wolfgang, *Plan und Wirklichkeit im Sozialkundlichen Unterricht. Untersuchungen, Erfahrungen und Vorschläge*, Bollwerk-Verlags-Gesellschaft, Frankfurt a. M., 1955, S. 51f.

(50) たとえば常設文相会議による「オストクンデに関する決議」(1956年)や

「授業における全体主義の取扱に関する基準」(1962年)は，当時の政治教育の反共主義的性格をよく表している．詳しくは宮田光雄『西ドイツの精神構造』岩波書店，1968年，530–532頁，を参照．

(51) Gagel(1994), S. 95f.

(52) Ebenda, S. 97.

(53) Giesecke, Hermann, *Didaktik der Politischen Bildung*, Juventa Verlag, München, 1970, 5. Aufl., S. 41.

(54) Ebenda, S. 24.

(55) Giesecke, Hermann, *Didaktik der Politischen Bildung*, Juventa Verlag, München, 1974, 9. Aufl. S. 127.

(56) Antwort auf die Großen Anfragen der Fraktionen des Deutschen Bundestages zur politischen Bildung, zit. nach Kuhn, Massing u. Skuhr(1993), S. 239f.

(57) Richter, Dagmar, Kritische Politikdidaktik, in: Richter, Dagmar u. Georg Weißeno(Hg.), *Lexikon der politischen Bildung, Bd. 1*, Wochenschau Verlag, Schwalbach/Ts., 1999, S. 135f.

(58) Gagel(1994), S. 177f.

(59) Schmiederer, Rolf, *Zur Kritik der politischen Bildung. Ein Beitrag zur Soziologie und Didaktik des politischen Unterrichts*, Europäische Verlagsanstalt, Frankfurt a. M., 1971, S. 33–41.

(60) Münch, Gerd, Was Hessens Schüler lernen. Sauberkeit schadet dem Sozialismus, in: *Welt am Sonntag*, 2. 7. 1972.

(61) George, Siegfried u. Wolfgang Hilligen, *sehen beurteilen handeln. Lese- und Arbeitsbuch zur Sozialkunde und Gesellschaftslehre. 5./6. Schuljahr*, Hirschgraben-Verlag, Frankfurt a. M., 1971, S. 34.

(62) Friemond, Hans, „Ein Bubenstück an Verleumdung". Wolfgang Hilligens Buch und Walter Wallmanns Weltsicht, in: *Frankfurter Hefte. Zeitschrift für Kultur und Politik*, 28. Jg. H. 1, 1973, S. 44, および Hilligen, Wolfgang, Kreativität in Fesseln? Die Situation des Autors, in: Tewes, Bernard(Hg.), *Schulbuch und Politik. Unterrichtsmedien im Spannungsfeld politischer Interessen*, Ferdinand Schöningh, Paderborn, 1979, S. 57f.

(63) Witsch-Rothmund, Franz Josef, *Politische Parteien und Schulbuch. Eine inhaltsanalytische Studie unter Berücksichtigung des Spannungsverhältnisses zwischen sozialisationstheoretischer Forschung und öffentlicher Schulbuchdiskussion*, Haag und Herchen Verlag, Frankfurt a. M., 1986, S. 162. また教育課程については，1972年にヘッセンで，翌年にはノルトライン・ヴェストファーレンで，それぞれ社会科(Gesellschaftslehre)と政治科(Politikunterricht)について，キリスト教民主同盟から激しい批判が浴びせられた．

(64) Sutor, Bernhard, Verfassung und Minimalkonsens. Die Rolle des Grundgesetzes im Streit um die politische Bildung, in: Schiele, Siegfried u. Herbert Schneider (Hg.), *Das Konsensproblem in der politischen Bildung*, Ernst Klett Verlag, Stuttgart, 1977, S. 170.
(65) Schmiederer, Rolf, Einige Überlegungen zum Konsensproblem in der politischen Bildung, in: Schiele u. Schneider (1977), S. 135ff.
(66) Wehling, Hans-Georg, Konsens à la Beutelsbach? Nachlese zu einem Expertengespräch, in: Schiele u. Schneider (1977), S. 179f.
(67) Mündigkeit は一般に「成年」と訳されるが，政治教育の文脈においては，自律的かつ合理的な判断を下せることを意味する．

第2章

(1) 社会民主党系のフリードリヒ・エーベルト財団は1925年に設立され，ナチスにより活動を禁止されたが，1947年に再開されて今日に至っている．他方キリスト教民主同盟系のコンラート・アデナウアー財団は，1950年代から60年代初頭に設立された政治教育機関を基礎に1964年に創設された．また，自由民主党系のフリードリヒ・ナウマン財団は1958年に，キリスト教社会同盟系のハンス・ザイデル財団は1967年に設立されている．さらに1988年には，緑の党に近い虹基金連合(Stiftungsverband Regenbogen)がハインリヒ・ベル財団他二団体を統括する組織として形成され，また1996年には，1990年設立の社会分析・政治教育協会から発展したローザ・ルクセンブルク財団が，民主社会党により承認された．
(2) 2001年末の時点で，連邦政治教育センターは成人政治教育機関として122の団体を公認している．Verzeichnis der von der bpb anerkannten Träger der politischen Erwachsenenbildung, in: Bundeszentrale für politische Bildung (Hg.), *Jahresbericht. Bundeszentrale für politische Bildung, 2000/2001*, Bonn, 2002, S. 36f.
(3) 近藤孝弘『自国史の行方——オーストリアの歴史政策』名古屋大学出版会，2001年，225頁，注2，参照．なお，マウトハウゼン強制収容所跡には内務省所轄のマウトハウゼン・メモリアルが設置されている．
(4) Der Erlass über die Bundeszentrale für politische Bildung in der Fassung vom 24. Januar 2001, in: Bundeszentrale für politische Bildung (2002), S. 92.
(5) Leitbild der Bundeszentrale für politische Bildung, in: Bundeszentrale für politische Bildung (2002), S. 94.
(6) 祖国奉仕センター以来の歴史については，為政雅代「『西ドイツ国民』創出と政治教育の試み——連邦政治教育センターの足どり」望田幸男・橋本伸也編著『ネイションとナショナリズムの教育社会史』昭和堂，2004年，108–

133 頁，も参照．

(7) Wippermann, Klaus W., *Politische Propaganda und staatsbürgerliche Bildung. Die Reichszentrale für Heimatdienst in der Weimarer Republik*, Verlag Wissenschaft und Politik, Köln, 1976, S. 25, Anm. 15.

(8) スノー，N.／椿正晴訳『プロパガンダ株式会社・アメリカ文化の広告代理店』明石書店，2004 年，37–38 頁．同書によれば，そもそもアメリカの第一次世界大戦への参戦には，イギリスの戦争宣伝部局による工作活動が影響しているという．

(9) Wippermann (1976), S. 29.

(10) Rundschreiben des preußischen Innenministers Severing zur Verwendung der Reichszentrale für Heimatdienst, zit. nach Wippermann (1976), S. 433.

(11) Grundsätze der Volksaufklärung von Dr. Richard Strahl, Leiter der Reichszentrale für Heimatdienst, Berlin (Zentralverlag) 1926, zit. nach Wippermann (1976), S. 476.

(12) Rundschreiben vom 17. 3. 1933, Staatsarchiv Düsseldorf, AZ Nr. IA 2000/13. 3, zit. nach Wippermann (1976), S. 414f.

(13) Verhandlungen des Deutschen Bundestages. I. Wahlperiode 1949. Stenographische Berichte. Bd. 4. von der 65. Sitzung am 1. Juni 1950 bis zur 81. Sitzung am 28. Juli 1950, Bonn, S. 2387f.

(14) Widmaier, Benedikt, *Die Bundeszentrale für politische Bildung: ein Beitrag zur Geschichte staatlicher politischer Bildung in der Bundesrepublik Deutschland*, Verlag Peter Lang, Frankfurt a. M., 1987, S. 45.

(15) Ebenda, S. 45.

(16) Bundesministerium des Innern (Hg.), *Gemeinsames Ministerialblatt des Bundesministers des Innern, des Bundesministers für Vertriebene, des Bundesministers für Wohnungsbau, des Bundesministers für gesamtdeutsche Fragen, des Bundesministers für Angelegenheiten des Bundesrates*, Dritter Jahrgang, Carl Heymanns Verlag, Berlin/Bonn, 1952, S. 318.

(17) Widmaier (1987), S. 64. なお，1000 マルクという最低額は 1963 年に 3 万マルクに引き上げられ，1968 年に廃止されている．

(18) Wippermann, Klaus W., Die publizistische Tätigkeit der Bundeszentrale für politische Bildung, in: Koschwitz, Hansjürgen u. Günter Pötter (Hg.), *Publizistik als Gesellschaftswissenschaft,* Konstanz Universitätsverlag, Konstanz, 1973, S. 325.

(19) Themenstatistik: Tagungsförderung 1970/72/73/76, in: Widmaier (1987), S. 121.

(20) Maibaum, Werner, Das Ostkolleg der Bundeszentrale, in: *Das Parlament*, Nr. 49, 2. 12. 1972.

(21) Widmaier(1987), S. 167f.

(22) Hilligen, Wolfgang, *Zur Didaktik des politischen Unterrichts: Wissenschaftliche Vorraussetzungen, Didaktische Konzeptionen, Unterrichtspraktische Vorschläge*, Leske + Budrich, Opladen, 1985, S. 59. なおヒリゲンは，右翼－民族主義をさらに右翼急進主義とテクノクラシー保守主義に，社会主義をさらに民主的社会主義と左翼急進主義に細分している．

(23) Schiele, Siegfried, Ein halbes Jahrhundert staatliche politische Bildung in Deutschland, in: *Aus Politik und Zeitgeschichte*, B 7–8/2004, 2004, S. 4f.

(24) 久野弘幸『ヨーロッパ教育・歴史と展望』玉川大学出版部，2004年，138頁，より．

(25) Reutner, Lutz R., Rechtsfragen, in: Mickel, W. Wolfgang(Hg.), *Handbuch zur politischen Bildung*, Bundeszentrale für politische Bildung, Bonn, 1999, S. 52.

(26) Empfehlungen der Kultusministerkonferenz zur Förderung der Menschenrechtserziehung in der Schule(Beschluss der Kultusministerkonferenz vom 04. 12. 1980 i. d. F. vom 14. 12. 2000), S. 2.

(27) Reutner(1999), S. 56–59, Tab. 1: Erziehungsziele und Unterrichtsgegenstände in den Landesschulgesetzen.

(28) Mattes, Wolfgang(Hg.), *Politik erleben. Sozialkunde*, Verlag Ferdinand Schöningh, Paderborn, 2001.

(29) *Verzeichnis der zugelassenen Schulbücher für die Fächer Geographie, Geschichte, Sozialkunde(Politik) in den Ländern der Bundesrepublik Deutschland. Ausgabe 2003/2004*, Georg-Eckert-Institut für internationale Schulbuchforschung, Braunschweig, 2003, S.s-9.

(30) Berger-von der Heide, Tomas u. Karl-Heinz Holstein(Hg.), *FAKT. Sachsen-Anhalt 8.–10. Sozialkunde*, Cornelsen Verlag, Berlin, 2002.

(31) 同じシリーズでもブランデンブルク版 Holstein, Karl-Heinz(Hg.), *FAKT. Brandenburg 9/10 Politische Bildung*, Cornelsen Verlag, Berlin, 2003 は，「第1章　法と裁判」「第2章　社会構造」「第3章　連邦共和国の民主主義」「第4章　経済と環境」「第5章　ヨーロッパ」「第6章　国際政治」のように，全く異なる構成を取っている．

(32) Ahlring, Ingrid et al., *Gesellschaft bewusst. Gesellschaftslehre 3*, Westermann Schulbuchverlag, Braunschweig, 2002.

(33) Hoffmann, Bernward, *Medienpädagogik*, Ferdinand Schöningh, Paderborn, 2003, S. 25.

(34) Steinbach, Silke, Medienpädagogik, in: Richter u. Weißeno(1999), S. 153.

(35) Hilligen, Wolfgang, *Sehen-Beurteilen-Handeln. Teil 2. Lese- und Arbeitsbuch zur Politischen Bildung und Sozialkunde. Ausgabe B für das 7.–9. Schuljahr*, Hischgraben-

Verlag, Frankfurt a. M., 1966, 9. Aufl., S. 180.

(36)　Ahlring (2002), S. 207. なお，図像・映像が持つ政治的な力について意識することの必要性は，学校外の政治教育においても，今日とくに重視されている．ボンのドイツ連邦共和国歴史館は 2004 年 5–10 月に特別展示「20 世紀における図像と権力」を行い，これは引き続いてライプツィヒの現代史フォーラムでも展示された．詳しくは Stiftung Haus der Geschichte der Bundesrepublik Deutschland (Hg.), *Bilder und Macht im 20. Jahrhundert*, Kerber Verlag, Bielefeld, 2004, を参照．

(37)　カナダのメディア・リテラシー教育の紹介はすでに多数存在するが，歴史的・社会的背景の分析まで行っている文献としては，上杉嘉見「カナダ・オンタリオ州におけるメディア・リテラシー教育の発展過程——社会批判的カリキュラムの追求と限界」日本教育学会『教育学研究』第 71 巻第 3 号，2004 年，314–325 頁，を参照．

(38)　Berger-von der Heide u. Holstein (2002), S. 178ff.

(39)　Ebenda, S. 169.

(40)　ドイツの政治科教科書では，グローバリゼーションやフェミニズムは，それぞれ独立した単元で取り上げられる．

(41)　Gesellschaft für Politikdidaktik und politische Jugend- und Erwachsenenbildung, *Nationale Bildungsstandards für den Fachunterricht in der Politischen Bildung an Schulen. Ein Entwurf*, Wochenschau Verlag, Schwalbach/Ts., 2004, S. 9.

(42)　Ebenda, S. 16.

(43)　Ebenda, S. 17.

(44)　フランク，M.／三島憲一訳「三つの一一月九日」『思想』第 832 号，1993 年，7 頁．

(45)　地方自治体の議会選挙については選挙権を 16 歳にまで引き下げている州も存在する．

(46)　ベルリン演説 (Berliner Rede) は 1997 年に開始され，以来，毎年，大統領がドイツ国民に対し，その時々の政治的課題に取り組むよう訴える演説を行っている．この 2003 年の演説は，「一緒に行動しよう——世界におけるドイツの責任」という題で，5 月 19 日にベルリンのマクシム・ゴーリキー劇場で行われた．

(47)　Gesellschaft für Politikdidaktik und politische Jugend- und Erwachsenenbildung (2004), S. 55f.

(48)　2003 年 10 月 14 日にポツダム大学ゴルム・キャンパスで行ったインタヴューより．

(49)　後藤雅彦「模擬投票を取り入れた公民的分野の授業効果」『公民教育研究』第 8 号，2000 年，113–122 頁は，著者が新潟市立五十嵐中学校で行った

実践を報告するほか，岐阜市立本庄中学校・札幌市立簾舞中学校での実践についても触れている．また増田和子「子ども達の新しいメディア学習『子ども模擬選挙』」『情報メディア研究』創刊号，2003年，45-52頁は，インターネットの教育利用という観点から，2001年10月の川崎市長選挙に際して行われた実践を紹介している．

(50) 公開性という点で，キッズ・ヴォウティングには問題があるかもしれない．研究目的であることを明らかにして同事務局に教材等の入手方法を問い合わせたところ，筆者が，彼らが対象とするアメリカ人の教員ではないという理由から，インターネット上で公開されている以外の資料の提供を拒否された．この団体は，彼らの政府と異なり，民主主義の「輸出」に消極的なようである．いずれにせよ教育NGOの評価には慎重さが求められよう．

(51) Füller, Christian, Juniorwahl statt Revolution, in: *die tageszeitung*, 15. 8. 2001.

(52) Kumulus, *Juniorwahl*, Berlin, 2003, S. 1.

(53) Breit, Gotthard, Detlef Eichner, Mechthild Jannasch, Kurt Lach, Peter Massing u. Kerstin Pohl, *Juniorwahl 2002—Vorschläge für den Unterricht parallel zur Bundestagswahl 2002*, Berlin, 2002.

(54) Kumulus, *Abschlussbericht Juniorwahl 2002*, Berlin, 2002, S. 8.

(55) 2004年9月16日にベルリン自由大学オットー・ズーア政治学研究所で行ったインタヴューによる．

(56) Breit et al. (2002), S. 77.

(57) Kumulus (2002), S. 17.

(58) Naumann, Rosemarie, Katja Rinas, Hanna Schlagk, Marc Körner, Tobias Kunow u. Norbert Schlien, *Juniorwahl 2004—Vorschläge und Anregungen für den Unterricht parallel zur Wahl zum Landtag Brandenburg 2004*, Berlin, 2004, S. 22.

(59) DVU (Deutsche Volksunion) については，日本では「ドイツ国民連合」「ドイツ人民連合」といった訳も見られるが，党綱領の第1項に「ドイツのアイデンティティの保持」といった目標が掲げられていることから明らかなように，同党は国家主義的というよりも民族主義的傾向が顕著であり，本書では「民族」の訳をあてることとする．

(60) 西部を含むドイツ全体との比較という観点からは，とくに社会民主党への低い支持率が注目されるだろう．実施された時期が違うとはいえ，社会民主党が第1党の座を守った2002年および第2党となった2005年の連邦議会選挙と，それぞれのジュニア選挙での各政党の得票率は以下の通りであった．

	ジュニア選挙		連邦議会選挙	
	2002年	2005年	2002年	2005年*1
社会民主党	43.0%	41.0%	38.5%	34.3%
キリスト教民主・社会同盟	19.6%	19.3%	38.5%	35.2%
緑の党	14.0%	14.6%	8.6%	8.1%
自由民主党	8.4%	6.6%	7.4%	9.8%
民主社会党*2	5.2%	9.3%	4.0%	8.7%
ドイツ国家民主党	3.0%	4.0%	0.4%	1.6%

*1　投票が延期されたドレスデン1区を除く暫定値.
*2　2005年は左派党(－民主社会党). なお同党については第3章注11を参照.

第3章

(1)　ハーバマス, J.／三島憲一訳「ドイツはノーマルな国民国家になったのか」『思想』第832号, 1993年, 25頁.

(2)　Thierse, Wolfgang, Politische Kultur in den neuen Ländern—Für eine wehrhafte Demokratie. Zehn Jahre nach den ersten freien Wahlen zur Volkskammer, in: *Politisches Lernen*, 3–4/00, 2000, S. 7ff.

(3)　Ebenda, S. 8.

(4)　McFalls, Laurence, Die kulturelle Vereinigung Deutschlands. Ostdeutsche politische und Alltagskultur vom real existierenden Sozialismus zur postmodernen kapitalistischen Konsumkultur, in: *Aus Politik und Zeitgeschichte*, B 11/2001, 2001, S. 24.

(5)　Hahlen, Johann, Pressegespräch „Wahl zum 15. Deutschen Bundestag—Ergebnisse aus der Repräsentativen Wahlstatistik“ am 22. Januar 2003 in Berlin, Statistisches Bundesamt, 2003.

(6)　Schneekloth, Ulrich, Demokratie, ja—Politik, nein? Einstellungen Jugendlicher zur Politik, in: Deutsche Shell(Hg.), *Jugend 2002. Zwischen pragmatischem Idealismus und robustem Materialismus*, Fischer Taschenbuch Verlag, 2003, S. 101.

(7)　Ebenda, S. 109.

(8)　Reinhardt, Sybille u. Frank Tillmann, Politische Orientierungen Jugendlicher. Ergebnisse und Interpretationen der Sachsen-Anhalt-Studie „Jugend und Demokratie“, in: *Aus Politik und Zeitgeschichte*, B 45/2001, 2001, S. 8.

(9)　Ebenda, S. 6f. 1400人全体で「支持政党なし」は4分の1程度なのに対し,「右」のグループでは, それは5%以下である.

(10)　Winkler, Gunnar, Leben in Ostdeutschland, in: Kurz-Scherf, Ingrid u. Gunnar Winkler(Hg.), *Sozialreport 1994. Daten und Fakten zur sozialen Lage in den neuen*

Bundesländern, Sozialwissenschaftliches Forschungszentrum Berlin-Brandenburg, Berlin, 1994, S. 25.

(11) 民主社会党(Partei des Demokratischen Sozialismus, PDS)は，2005年7月17日の臨時党大会において，社会民主党を離党した左派を中心とする「労働と社会的公正のための選挙オルタナティブ(Wahlalternative Arbeit und Soziale Gerechtigkeit, WASG)」と統一会派で選挙に臨むことを決めた際に，党名を「左派党(Die Linkspartei)」または州により「左派党-民主社会党(Die Linkspartei. PDS)」と改めている.

(12) ベルリン・ブランデンブルク社会科学研究センターが2004年に東部の50歳以上の1358人を対象に行った調査では，14%が東ドイツの復活を望んでいるという結果だった．また翌年3月にベルリン自由大学と世論調査機関フォルサがベルリンとブランデンブルクの2000人を対象に行った調査でも，東部出身者の12%——旧東ベルリンでは8%——が，壁がある方が良かったと考えていることが明らかになった．なお西部出身者に限れば，24%が壁があった方が良いと考えているという(Nibbrig, Hans H., Jeder vierte Westdeutsche will die Mauer zurück, in: *Berliner Morgenpost*, 26. März 2005).

(13) Crome, Erhard u. Bernhard Muszynski, Politikbedingungen und politische Bildung in Ostdeutschland, in: *Aus Politik und Zeitgeschichte*, B 25/2000, 2000, S. 24.

(14) Fritzsche, K. Peter u. Herbert Knepper, Die neue Furcht vor der Freiheit, Eine Herausforderung an die politische Bildung, in: *Aus Politik und Zeitgeschichte*, B 34/1993, 1993, S. 20.

(15) Rüther, Günther, Politische Bildung und politische Kultur im vereinigten Deutschland, in: *Aus Politik und Zeitgeschichte*, B 34/1993, 1993, S. 3ff.

(16) Crome u. Muszynski (2000), S. 26f.

(17) Tenorth, Heinz-Elmar, Politisierung des Schulalltags im historischen Vergleich—Grenzen von Indoktrination, in: Gruner, Petra et al., *Erinnerung für die Zukunft II*, Pädagogisches Landesinstitut Brandenburg, 1997, S. 44-46.

(18) 石井正司はドイツの先行研究に基づき，学校民主化法について，「社会主義的性格を全然もたず，むしろブルジョワ的性格をもっている」と述べている．その原因としては，ソ連軍政府が他の占領国に比べて専門的にもドイツ語の知識の点でも優秀な人材を派遣し，ソ連の教育を押しつけることなく，ドイツの教育関係者の考えを尊重したからであるとしている．石井正司「『ソ連占領初期の東ドイツ教育改革』再考」日本大学教育学会『教育学雑誌』第32号，1998年，1-4頁.

(19) Gesetz zur Demokratisierung der deutschen Schule, zit. nach Kommission für deutsche Erziehungs- und Schulgeschichte der Deutschen Akademie der Wissenschaften zu Berlin (Hg.), *Monumenta Paedagogica. Band VI: Dokumente zur Geschichte*

des Schulwesens in der Deutschen Demokratischen Republik. Teil 1: 1945–1955, Volk und Wissen Volkseigener Verlag, Berlin, 1970, S. 208.

(20) Günther, Karl-Heinz u. Gottfried Uhlig, Geschichte der Schule in der Deutschen Demokratischen Republik von 1945 bis 1968, in: Kommission (1970), S. 53f.

(21) Schulpolitische Richtlinien für die deutsche demokratische Schule. Beschluss des Parteivorstandes der SED, zit. nach Kommission (1970), S. 341.

(22) Die nächsten Aufgaben der allgemeinbildenden Schule. Entschließung der 4. Tagung des ZK der SED, zit. nach Kommission (1970), S. 382.

(23) Schulpolitische Entschließung des V. Pädagogischen Kongresses, zit. nach Kommission für deutsche Erziehungs- und Schulgeschichte der Deutschen Akademie der Wissenschaften zu Berlin (Hg.), *Monumenta Paedagogica. Band VII/1. Dokumente zur Geschichte des Schulwesens in der Deutschen Demokratischen Republik Teil 2: 1956–1967/68, 1. Halbband*, Volk und Wissen Volkseigener Verlag, Berlin, 1969, S. 34f.

(24) Günther, Karl-Heinz et al., *Das Bildungswesen der Deutschen Demokratischen Republik*, Volk und Wissen Verlag, Berlin, 1989, S. 14f.

(25) Marotzki, Winfried u. Walter Bauer, Zur sittlich-patriotischen Erziehung in der DDR-Pädagogik, in: Krüger, Karl-Hermann u. Winfried Marotzki (Hg.), *Pädagogik und Erziehungsalltag in der DDR. Zwischen Systemvorgaben und Pluralität*, Leske und Budrich, Opladen, 1994, S. 69–75.

(26) Kluchert, Gerhard, Erziehung durch Einheit zur Einheit. Das schulische Erziehungsfeld in der SBZ/DDR, in: Leschinsky, Achim, Petra Gruner u. Gerhard Kluchert, *Die Schule als moralische Anstalt. Erziehung in der Schule: Allgemeines und der >Fall DDR<*, Deutscher Studien Verlag, Weinheim, 1999, S. 95–97.

(27) Die nächsten Aufgaben der allgemeinbildenden Schule. Entschließung der 4. Tagung des ZK der SED, zit. nach Kommission (1970), S. 383.

(28) Über die Verbesserung der Arbeit der FDJ. Beschluss des Politbüros der SED, zit. nach Kommission (1970), S. 446.

(29) Geißler, Gert, Schulreform von Oben. Bemerkungen zum schulpolitischen Herrschaftssystem in der SBZ/DDR, in: Gruner et al. (1997), S. 53ff.

(30) Kluchert (1999), S. 111.

(31) 教育における保守的な価値観は，親や生徒本人によっても共有されていた．たとえばラテン語は50年代末まで人気科目だったという．それに対して，ロシア語は70年代に入っても十分な教育を受けた教員を全国の学校に配置できないほどであった（Tenorth (1997), S. 31f.）．

(32) 東ドイツ崩壊まで利用されていた教育課程では，初等中等教育に当たる10年制普通教育総合技術上級学校において公民科に充てられた時間は，第7学年から9学年までは週1時間，第10学年で週2時間にすぎなかった．

(33) Honecker, Margot, Vom IX. Pädagogischen Kongress, in: *Geschichtsunterricht und Staatsbürgerkunde*, H. 7/8, 1989, S. 497.

(34) Schmitt, Karl, *Politische Erziehung in der DDR*, Schöningh, Paderborn, 1980, S. 20. なお，現代科はブランデンブルクとザクセン・アンハルトでは独自の教科として位置づけられていたが，それ以外の地域では教授原則として承認されているにすぎなかった．とはいえ，現実には，実施されずにいた歴史科の授業時間が現代科に充てられていた．

(35) Kluchert (1999), S. 99f.

(36) Schmitt (1980), S. 21.

(37) Ministerium für Volksbildung der DDR (Hg.), Anweisung über die Einführung der neuen Stundentafel für Grundschulen vom 29. Mai 1951, in: Kommission (1970), S. 397, および Anweisung über die Stundentafeln der allgemeinbildenden Schulen für das Schuljahr 1956/57 vom 4. April 1956, in: Kommission (1969), S. 31.

(38) Zum 10. Jahrestag der Gründung der Deutschen Demokratischen Republik, in: *Geschichtsunterricht und Staatsbürgerkunde*, H. 2, 1959, S. 628.

(39) Behrmann, Günter C., Staatsbürgerkunde in der DDR. Möglichkeiten und Grenzen der politischen Indoktrination im Schulunterricht, in: Gruner et al. (1997), S. 76, および Behrmann, Günter C., Die Einübung ideologischer und moralischer Sprechsakte durch „Stabü“. Zur Pragmatik politischer Erziehung im Schulunterricht der DDR, in: Leschinsky et al. (1999), S. 150.

(40) Schmitt (1980), S. 125.

(41) Behrmann (1997), S. 84.

(42) Grammes, Tilman, Staatsbürgerkunde zwischen Katechetik und Dialektik, in: Ministerium für Bildung, Jugend und Sport des Landes Brandenburg (Hg.), *Freundschaft! Die Volksbildung der DDR in ausgewählten Kapiteln*, Bd. 3, Basis Druck Verlag, Berlin, 1996, S. 39.

(43) Schmitt (1980), S. 184f.

(44) Kendschek, Hardo, Die „Staatsbürgerkunde“ in der DDR. Handlungsspielräume zwischen Staatsideologie und gesellschaftlichem Alltag, in: *Gegenwartskunde. Gesellschaft Staat Erziehung*, 39. Jg. H. 2, 1990, S. 191f.

(45) *Staatsbürgerkunde. Klasse 7*, Volk und Wissen Volkseigener Verlag, Berlin, 1968, S. 6.

(46) *Staatsbürgerkunde. Klasse 7*, Volk und Wissen Volkseigener Verlag, Berlin, 1988, S. 7

(47) Ebenda, S. 10f.

(48) *Staatsbürgerkunde. Klasse 8*, Volk und Wissen Volkseigener Verlag, Berlin, 1988, S. 82.

(49)　Ebenda.
(50)　*Staatsbürgerkunde. Klasse 7*(1968), S. 76.
(51)　*Staatsbürgerkunde. Klasse 8*(1988), S. 105ff.
(52)　Mickel, Wolfgang W. u. Reinhard Stachwitz, *Arbeitsbuch Politik 2*, Schwann Bagel, Düsseldorf, 1987, S. 304.
(53)　Ebenda, S. 310.
(54)　Behrmann(1999), S. 154.
(55)　Ministerium für Bildung, Jugend und Sport des Landes Brandenburg(Hg.), *Vorläufiger Rahmenplan. Lernbereich „Gesellschaftslehre" Politische Bildung. Sekundarstufe I*, Potsdam, 1991, S. 4.
(56)　Ministerium für Bildung, Jugend und Sport des Landes Brandenburg(Hg.), *Rahmenlehrplan. Politische Bildung. Sekundarstufe I*, Potsdam, 2002, S. 21f.
(57)　2005 年 1 月 28 日にベルリン自由大学オットー・ズーア政治学研究所の研究室で行った政治教育学講座教授マッシング(Peter Massing)へのインタヴューによる．政治科が多くの無資格教員によって教えられるという状況が生じた原因の一つは，ベルリンを除くすべての州で，かつての公民科教員が機械的に学校から排除されたことにある．彼によれば，公民科教員がすべて東ドイツの体制に忠実だったというのは西側の誤った認識であり，現実にはおよそ 3 分の 1 ほどは体制を批判する民主化勢力であったという．
(58)　Kohlrausch, Erhard u. Dieter Fitterlin(Hg.), *Die Zukunft des Religionsunterrichts, Weltanschauungsunterrichts und Ethikunterrichts im Land Berlin*, Arbeitsgemeinschaft für Bildung in der SPD Berlin, 1998, S. 21.
(59)　厳密には正規教科か代替教科かという二分法は成立しない．ザクセン・アンハルトのように，宗教と倫理科の両者を正規教科と定め，生徒に選択を求める例も存在する．また西部のバーデン・ヴュルテンベルクでは，倫理科を正規教科と同時に宗教の代替科目として位置づけている．Erwin, Claudia, *Verfassungsrechtliche Anforderungen an das Schulfach Ethik/Philosophie*, Duncker & Humblot, Berlin, 2001, S. 33.
(60)　Ministerium für Bildung, Jugend und Sport des Landes Brandenburg(Hg.), *Abschlussbericht zum Modellversuch „Lebensgestaltung-Ethik-Religion"*, Potsdam, 1997, S. 7.
(61)　1992 年から 1995 年の実験段階では，「生活形成・倫理・宗教(Lebensgestaltung-Ethik-Religion)」と呼ばれていた．しかし，「宗教(Religion)」という言葉は，従来の教会による宗教教育を連想させることから，1996 年の法制化にあたり，「宗教科(Religionskunde)」と変更した．
(62)　Ministerium für Bildung, Jugend und Sport des Landes Brandenburg(Hg.), *Unterrichtsvorgaben. Lebensgestaltung-Ethik-Religionskunde. Sekundarstufe I*, Potsdam,

1996, S. 13f.

(63) SPD-Landesfraktion Brandenburg, *22 Fragen und Antworten zu LER. Informationen Argumente Hintergründe*, Potsdam, 1996, S. 29.

(64) GEB Brandenburg Fachverband LER, *Information zum neuen Schulfach „Lebensgestaltung-Ethik-Religionskunde"(LER) im Bundesland Brandenburg*, Potsdam, 2001, S. 5.

(65) Ministerium für Bildung, Jugend und Sport des Landes Brandenburg(1996), S. 26f.

(66) 1992 年 7 月 9 日の州政府とプロテスタント教会の共同宣言により，後者は，宗派的な宗教の授業については，経費の 90% を州政府が負担して授業時間割の外に行う任意の教科とする一方，LER の実験に協力することを約束した(Gemeinsames Protokoll, in: Pädagogigsches Landesinstitut Brandenburg (Hg.), *Lebensgestaltung Ethik Religion. Modellversuch in Brandenburg. Ein Konzept auf dem Weg zur pädagogischen Praxis*, Potsdam, 1993, S. 25f.)．具体的には，そこで LER は第 7・8 学年の統合段階と第 9・10 学年の分離段階から構成され，分離段階においては，州の教員が担当する「生活形成・倫理」と教会の教理教師が担当する「宗教」に分けられていた．

(67) Fachverband L-E-R, Zum Streit vor dem Bundesverfassungsgericht um Religionsunterricht und LER -offener Brief-, o. J.

(68) SPD-Landesfraktion Brandenburg(1996), S. 40.

(69) BverfG 1 BvF 1/96 vom 11. 12. 2001. 宗教の地位向上について，具体的には，それまでその授業は授業時間割の外で教えられることになっていたが，連邦憲法裁判所は，通常の授業時間にそれを設けるよう求めた．

(70) BverwG 6C 11. 97. この判決をもって，1998 年 6 月 17 日に連邦行政裁判所は，バーデン・ヴュルテンベルクが倫理科を必修教科とした措置を合憲とした．

(71) 濱谷は，ポッシャー(Ralf Poscher)に拠りつつ，今回の法的手続きは，両キリスト教会との関係を解決したにすぎず，他の宗教団体から同様の訴訟が提起される可能性に注意を促している．濱谷佳奈「ドイツ中等教育における『倫理・哲学科』の法的地位の正当性――宗教科必修規定に対するバイエルン州とブランデンブルク州の対応に注目して」日本比較教育学会『比較教育学研究』第 30 号，2004 年，179–180 頁．

(72) GEB Brandenburg Fachverband LER(2001), S. 1.

(73) 2003 年 10 月 15 日と 11 月 27 日に州立ポツダム教員セミナー(Staatliches Studienseminar Potsdam)の研究室で行ったインタヴューによる．

(74) Besonderer Teil der vorläufigen Studienordnung im Sonderprogramm Weiterqualifizierung für den Studiengang Lebensgestaltung-Ethik-Religionskunde

(L-E-R). Stand 01. 05. 97.

(75) ポツダム大学の特別コースでは，社会科学の占める割合が33％，哲学／倫理学が21％，宗教学が21％，教授法が25％である．それに対して，たとえばケムニッツ工科大学では哲学／倫理学の授業が全体の8割を占めているという．

(76) Fachverband Ethik-Bundesverband, Erfurter Erklärung. Positionen und Forderungen des Fachverbands Ethik, 2003.

(77) たとえばノルトライン・ヴェストファーレンでは，1997年より中等教育段階に，宗教の代替教科としてではあるが，哲学と宗教学を主な内容とする教科「実践的哲学(Praktische Philosophie)」が導入されている．その開発にあたった州立教育研究所のシアプ(Heinz Schirp)によれば，この教科の目的は，第一に生徒に判断力を身につけさせること，第二に対立する価値観のなかで自らの立場を獲得させること，第三に様々な価値観を学ぶことにより，自らの現実をより良く理解できるようにすること，であるという．Schirp, Heinz, „Praktische Philosophie“ in Nordrhein-Westfalen. Curriculare Strukturen und didaktische Regulative des Faches, in: Schilmöller, Reinhard, Aloysius Regenbrecht u. Karl Gerhard Pöppel(Hg.), *Ethik als Unterrichtsfach*, Asschendorffsche Verlagsbuchhandlung, Münster, 2000, S. 111.

(78) Eggers, Gerd, Herausforderung Pluralität: Das „Berliner Modell“ des Religions- und Weltanschauungsunterrichts und die Debatte über seine Zukunft, in: Dommel, Christa et al.(Hg.), *Werte Schätzen. Religiöse Vielfalt und Öffentliche Bildung*, IKO-Verlag für Interkulturelle Kommunikation, Frankfurt a. M., 2003, S. 333f.

第4章

(1) 基本法第21条第2項には，次のように書かれている．「政党で，その目的または党員の行為が自由な民主的基本秩序を侵害もしくは除去し，または，ドイツ連邦共和国の存立を危うくすることを目指すものは，違憲である．違憲の問題については，連邦憲法裁判所がこれを決定する．」

(2) Antrag der Bundesregierung, vertreten durch das Bundsministerium des Innern, 29. Januar 2001, S. 4.

(3) Pfahl-Traughber, Armin, Die Entwicklung des Rechtsextremismus in Ost- und Westdeutschland, in: *Aus Politik und Zeitgeschichte*, B 39/2000, 2000, S. 6.

(4) 国家民主党の禁止を最初に求めたのは，テューリンゲンの内相ケカート(Christian Köckert)やバイエルン内相ベックシュタイン(Günter Beckstein)といった連邦議会で野党のキリスト教民主・社会同盟の政治家であり，それに社会民主党と連立与党の緑の党の一部が応えていった．なお，野党の自由民

主党はこの禁止措置に反対した.

(5) Gebauer, Mattias u. Yassin Musharbash, NPD und DVU gemeinsam gegen die Republik, in: Spiegel Online, 31. Oktober 2004.

(6) Neubacher, Frank, *Jugend und Rechtsextremismus in Ostdeutschland vor und nach der Wende*, Forum Verlag Godesberg, Bonn, 1994, S. 116f.

(7) このように，右翼急進主義を権威主義という視点から捉えることについては，東ドイツの社会主義とナチズムを同一視することにつながるとの批判も存在する. Friedrich, Walter, Ist der Rechtsextremismus im Osten ein Produkt der autoritären DDR?, in: *Aus Politik und Zeitgeschichte*, B 46/2001, 2001, S. 16.

(8) Küchler, Stefan, Rechtsextremismus und Schule. Erfahrungen einer Schule aus Sachsen-Anhalt, in: Lenz, Claudia, Jens Schmidt u. Oliver von Wrochem (Hg.), *Erinnerungskulturen im Dialog. Europäische Perspektiven auf die NS-Vergangenheit*, UNRAST Verlag, Hamburg/Münster, 2002, S. 151f.

(9) Faulenbach, Bernd, Erinnerungskultur und demokratische politische Kultur heute, in: Lenz, Schmidt u. von Wrochem (2002), S. 88f.

(10) Schörken, Rolf, Kooperation von Geschichts- und Politikunterricht, in: Mickel (1999), S. 629.

(11) Dubiel, Helmut, *Niemand ist frei von der Geschichte. Die nationalsozialistische Herrschaft in den Debatten des Deutschen Bundestages*, Carl Hanser Verlag, München 1999, S. 180.

(12) Wolfrum, Edgar, Nationalsozialismus und Zweiter Weltkrieg. Berichte zur Geschichte der Erinnerung, in: Knigge, Volkhard u. Norbert Frei (Hg.), *Verbrechen erinnern. Die Auseinandersetzung mit Holocaust und Völkermord*, Verlag C. H. Beck, München, 2002, S. 141.

(13) Faulenbach (2002), S. 87.

(14) Käppner, Joachim, *Erstarrte Geschichte. Faschismus und Holocaust im Spiegel der Geschichtswissenschaft und Geschichtspropaganda der DDR*, Ergebnisse Verlag, Hamburg, 1999, S. 285–296.

(15) Kühnrich, Heinz, *KZ-Staat 1933–1945*, Dietz Verlag, Berlin, 1980, 2. neubearbeitete Auflage, S. 156, 178ff.

(16) Drobisch, Klaus, Die „Endlösung der Judenfrage"—Massenmord als Element des faschistischen Weltherrschaftsstrebens (1941–1942/43), in: Drobisch, Klaus, Rudi Goguel u. Werner Müller (Hg.), *Juden unterm Hakenkreuz. Verfolgung und Ausrottung der deutschen Juden 1933–1945*, Deutscher Verlag der Wissenschaften, Berlin, 1973, S. 276.

(17) Pätzold, Kurt, Von der Vertreibung zum Genozid. Zu den Ursachen, Triebkräften und Bedingungen der antijüdischen Politik des faschistischen deutschen

Imperialismus, in: Eichholz, Dietrich u. Kurt Gossweiler (Hg.), *Faschismus-Forschung. Positionen Probleme Polemik*, Akademie-Verlag, Berlin, 1980, S. 206f.

(18) Groehler, Olaf, Der Holocaust in der Geschichtsschreibung der DDR, in: Moltmann, Bernhard u. a. (Hg.), *Erinnerung. Zur Gegenwart des Holocaust in Deutschland-West und Deutschland-Ost*, Haag und Herchen Verlag, Frankfurt a. M., 1993, S. 55ff.

(19) Moltmann, Bernhard, Einleitung, in: Moltmann (1993), S. 16.

(20) Groehler (1993), S. 58.

(21) Diner, Dan, Zur Ideologie des Antifaschismus, in: Moltmann (1993), S. 26.

(22) Neubacher (1994), S. 28ff.

(23) Borries, Bodo von, *Das Geschichtsbewusstsein Jugendlicher. Erste repräsentative Untersuchung über Vergangenheitsdeutungen, Gegenwartswahrnehmungen und Zukunftserwartungen von Schülerinnen und Schülern in Ost- und Westdeutschland*, Juventa Verlag, Weinheim/München, 1995, S. 9, および Borries, Bodo von, *Jugend und Geschichte. Ein europäischer Kulturvergleich aus deutscher Sicht*, Leske und Budrich, Opladen, 1999, S. 22, 参照．なお 1994 年の調査は，ヨーロッパの 27 カ国の青少年の歴史意識についての比較研究の一部である．

(24) Borries, Bodo von, Geschichtsbewusstsein und deutsche Einheit, in: *Geschichtsbewusstsein und Geschichtsvermittlung in den neuen Bundesländern*, Haus der Geschichte der Bundesrepublik Deutschland, Bonn, 2002, S. 28.

(25) Borries (1995), S. 78.

(26) Ebenda, S. 78f.

(27) Borries (2002), S. 28. 1990 年に東ドイツの解体と西ドイツへの統合の過程で急遽実施された調査は，西のハンブルク，シュレスヴィヒ・ホルシュタインと，東のドレスデンの 1950 人の生徒を対象に行われた．

(28) Ebenda, S. 30f.

(29) Ebenda, S. 32.

(30) Borries (1999), S. 348.

(31) Borries (2002), S. 35.

(32) Ebenda, S. 38.

(33) 大野亜由未『旧東ドイツ地域のカリキュラム改革』協同出版，2001 年，115 頁．

(34) *Lehrbuch für den Geschichtsunterricht 8. Schuljahr*, Volk und Wissen Volkseigener Verlag, Berlin, 1952, S. 232f.

(35) Ebenda, S. 269.

(36) Heidler, Wolfgang (Hg.), *Lehrbuch für Geschichte der 9. Klasse der Oberschule und der erweiterten Oberschule*, Volk und Wissen Volkseigener Verlag, Berlin, 1964, S. 246ff.

(37) Nimtz, Walter (Hg.), *Geschichte Lehrbuch für Klasse 9*, Volk und Wissen Volks-

eigener Verlag, Berlin, 1970, S. 156f.
(38) Ebenda, S. 206.
(39) Bleyer, Wolfgang (Hg.), *Geschichte Lehrbuch für Klasse 9*, Volk und Wissen Volkseigener Verlag, Berlin, 1987, S. 132f.
(40) Ebenda, S. 183ff.
(41) ビーレフェルト大学のロールフェス(Joachim Rohlfes)によれば，このような状況は必ずしも教科書だけの問題ではなく，西側の研究状況を反映するものである．Rohlfes, Joachim, Neue Akzente der deutschen Geschichte seit 1945 in unseren Schulbüchern?, in: *Geschichte in Wissenschaft und Unterricht*, 50. Jg. H. 9, 1999, S. 530f.
(42) Joachim u. Elmar Klautkrämer, *Geschichtliche Weltkunde. Band 4. Von Oktoberrevolution in Russland bis zur Gegenwart*, Verlag Moritz Diesterweg, Frankfurt a. M., 1982; Ebeling, Hans u. Wolfgang Birkenfeld, *Die Reise in die Vergangenheit. Band 4. Geschichte und Politik in unserer Zeit. Neuausgabe*, Westermann Verlag, Braunschweig, 1984; Cornelissen, Joachim et al., *bsv-Geschichte 4N*, Bayerischer Schulbuch-Verlag, München, 1988.
(43) Christmann, Helmut u. Xavier Friederle (Hg.), *Von... bis. Geschichtsbuch für Realschulen in Baden-Württemberg. 10. Schuljahr. Von 1945 bis heute*, Verlag Ferdinand Schoeningh, Paderborn, 1990, S. 57.
(44) Christmann, Helmut u. Xavier Friederle (Hg.), *Von... bis. Geschichtsbuch für Realschulen. Band 4. Von 1945 bis heute*, Verlag Ferdinand Schoeningh, Paderborn, 1998, S. 76.
(45) Ebenda, S. 92.
(46) Hug, Wolfgang (Hg.), *Geschichtliche Weltkunde. Klasse 10. Ausgabe für die Bundesländer Berlin, Brandenburg, Mecklenburg-Vorpommern, Sachsen, Sachsen-Anhalt, Thüringen. Von der Nachkriegszeit bis zur Gegenwart*, Verlag Moritz Diesterweg, Frankfurt a. M., 1991, S. 65.
(47) Hoffman, Joachim u. Wolfgang Hug, *Geschichtliche Weltkunde. Klasse 10. Ausgabe für die Bundesländer Berlin, Brandenburg, Mecklenburg-Vorpommern, Sachsen, Sachsen-Anhalt, Thüringen. Von der Nachkriegszeit bis zur Gegenwart*, Verlag Moritz Diesterweg, Frankfurt a. M., 1997, S. 117.
(48) Ebenda, S. 135.
(49) Maser, Peter, Die Gesellschaft der DDR im Spiegelbild aktueller Schulbücher, in: Buchstab, Günter (Hg.), *Geschichte der DDR und deutsche Einheit. Analyse von Lehrplänen und Unterrichtswerke für Geschichte und Sozialkunde*, Wochenschau-Verlag, Schwalbach/Ts., 1999, S. 128ff.
(50) この教科書を許可している州は，東部のブランデンブルク，メクレンブ

ルク・フォアポメルン，ザクセン・アンハルトと，西部のブレーメン，ハンブルク，ニーダーザクセン，シュレスヴィヒ・ホルシュタインであり，同一シリーズの別の版を認めているのは，東部のテューリンゲン，ザクセンと，西部のノルトライン・ヴェストファーレン，ラインラント・プファルツ，ベルリンである．保守的な南部に弱く，北部の州で評価されていると言えるだろう．

(51)　2004年7月7日にポツダム大学ノイエス・パレー・キャンパスのクローゼ教授の研究室で行ったインタヴューより．

(52)　Osburg, Florian u. Dagmar Klose (Hg.), *Expedition Geschichte 3. Von der Zeit des Imperialismus bis zur Gegenwart*, Verlag Moritz Diesterweg, Frankfurt a. M., 1999, S. 115.

(53)　Ebenda, S. 116.

(54)　Ebenda, S. 127ff.

(55)　Ebenda, S. 117.

(56)　Ebenda, S. 241.

(57)　Endlich, Stefanie u. Thomas Lutz, *Gedenken und Lernen an historischen Orten. Ein Wegweiser zu Gedenkstätten für die Opfer des Nationalsozialismus in Berlin*, Edition Hentrich, Berlin, 1995, S. 7.

(58)　Rathenow, Hanns-Fred, Gedenkstättenpädagogik, in: Richter u. Weißeno (1999), S. 79f.

(59)　Faulenbach, Bernd, Zum Bildungsauftrag von Gedenkstätten in Ost- und Westdeutschland angesichts zweier Vergangenheiten und unübersichtlicher Geschichtsdebatten, in: Behrens-Cobet, Heidi (Hg.), *Bilden und Gedenken. Erwachsenenbildung in Gedenkstätten und an Gedächtnisorten*, Klartext Verlag, Essen, 1998, S. 28f.

(60)　Distel, Barbara, Gedenkstättenarbeit—Lernen für die Zukunft, in: Rathenow, Hanns-Fred u. Norbert H. Weber (Hg.), *Erziehung nach Auschwitz*, Centaurus-Verlaggesellschaft, Pfaffenweiler, 1990, S. 140.

(61)　Szymański, Tadeusz, Jugendliche in Auschwitz—Reflexionen nach fünfundzwanzig Jahren Gedenkstättenarbeit, in: Rathenow u. Weber (1990), S. 134.

(62)　プレッツェンゼー追悼施設の展示(2004年9月時点)には，「ここはナチス独裁の全ての犠牲者を思い起こし静かに追悼する場」であると書かれているが，ナチス政権下でそこで法的手続きに従って殺害された2891人のうち約半数が抵抗運動に参加したドイツ人だったこともあり，展示の多くはローテ・カペレや7月20日事件についての説明によって占められている．

(63)　Reich, Brigitte u. Wolfgang Stammwitz, Antifaschistische Erziehung in der Bundesrepublik? Von den Schwierigkeiten einer pädagogischen „Bewältigung“ des

Nationalsozialismus, in: Rathenow u. Weber(1990), S. 93.

(64) Knigge, Volkhard, Gedenkstätten und Museen, in: Knigge, Volkhard u. Norbert Frei(Hg.), *Die Auseinandersetzung mit Holocaust und Völkermord*, Verlag C. H. Beck, München, 2002, S. 383.

(65) Distel(1990), S. 138f.

(66) Rathenow, Hanns-Fred u. Norbert H. Weber, Auschwitz—eine Herausforderung für die Pädagogik, in: Rathenow u. Weber(1990), S. 11 より.

(67) Faulenbach(1998), S. 29.

(68) Wolfrum(2002), S. 142. なおヴォルフルムは，こうしたシンボルへの過剰な依存について，反ファシズムという社会主義統一党の歴史理解が実際には国民のごく一部にしか妥当せず，多くの国民が抵抗運動とは無縁だったという事実を党がよく認識していたことが，その背景にあると考えている.

(69) Leo, Annette, Geschichtsbewusstsein „herstellen"—ein Rückblick auf Gedenkstättenarbeit in der DDR, in: Behrens-Cobert(1998), S. 35 より.

(70) Ebenda, S. 36ff.

(71) Knigge, Volkhard, *Versteinertes Gedenken. Das Buchenwalder Mahnmal von 1958*, Edition Schwarz Weiss, Spröda, 1997, S. 8.

(72) Anordnung über das Statut der Nationalen Mahn- und Gedenkstätten. Vom 28. Juli 1961, in: Büro des Präsidiums des Ministerrates der Deutschen Demokratischen Republik(Hg.), *Gesetzblatt der Deutschen Demokratischen Republik. Jahrgang 1961. Teil II*, VEB Deutscher Zentralverlag, Berlin, 1961, S. 381f.

(73) Leo(1998), S. 40.

(74) Museumspädagogische Handreichungen, S. 15, zit. nach Leo(1998), S. 43.

(75) 自由ドイツ青年団は，5–10 歳の子どものピオニールと 10–15 歳のテールマン・ピオニールから構成されていた. なお，アウシュヴィッツの記念館館長を長く務めたシマインスキによれば，自由ドイツ青年団などでやってくる東ドイツの生徒の方が，西ドイツの生徒よりもナチス犯罪についてよく知っており，歴史から学ぼうとする姿勢も強かったということである. この判断については，東西ドイツからどういう青少年がアウシュヴィッツを訪れていたのかを考慮する必要があるとはいうものの，東ドイツにおける反ファシズム教育を全面的に否定することは，それを全面的に肯定するのと同じように不正確である可能性を示唆していると言えるだろう(Szymański(1990), S. 131f.).

(76) Leo(1998), S. 44.

(77) Wolfrum(2002), S. 145f.

(78) 以上の特別収容所の展示をめぐる論争については，基本的に Zimmer, Hasko, *Der Buchenwald-Konflikt. Zum Streit um Geschichte und Erinnerung im Kontext*

der deutschen Vereinigung, Agenda Verlag, Münster, 1999, S. 13–25 による.

(79) Knigge, Volkhard, Vorwort, in: Ritscher, Bodo u. a.(Hg.), *Das sowjetische Speziallager Nr. 2 1945–1950. Katalog zur ständigen historischen Ausstellung*, Wallstein Verlag, Göttingen, 1999, S. 9f.

(80) 1995 年に追悼施設長のクニッゲ(Volkhard Knigge)がこうした調査結果を発表すると，犠牲者団体の代表は死者の記憶に対する侮辱であるとして彼を告発した．州検察庁は翌年 9 月に捜査を開始したが，キリスト教民主同盟と社会民主党が連立する州政府と複数のナチスによる犠牲者団体の抗議により，10 月には捜査を中止している(Zimmer(1999), S. 24).

おわりに

(1) ヴェーニガー，E.「政治教育の必要性」杉谷雅文・溝川良一編訳『新しい教育の探求』明治図書，1961 年，164 頁.

(2) Torney-Purta, Judith, Rainer Lehmann, Hans Oswald u. Wolfram Schulz, *Citizenship and Education in Twenty-eight Countries. Civic Knowledge and Engagement at the Age Fourteen*, The International Association for the Evaluation of Educational Achievement, Amsterdam, 2001.

(3) Bock, Petra, *Vergangenheitspolitik im Systemwechsel*, Logos Verlag, Berlin, 2000, S. 1.

(4) 千葉眞『デモクラシー』岩波書店，2000 年，41 頁.